明治図書

子どもの「否定語」から始まる算数授業

無理！

できない！

あり得ない！

新城喬之

Shinjo Takayu

JN041595

はじめに

　算数の授業中，子どもが「できない！」「無理！」「ありえない！」などの否定的な言葉を発したとき，数年前までの私は，次のような言葉を返していました。

　「できないと言わずに，やってみよう」
　「無理と言わずに，お友だちと一緒に考えよう」
　「ありえないと言わずに，チャレンジしてみよう」

　つまり，子どもの否定的な言葉を否定し，肯定的な言葉に置き換えたり，前向きに考えたりすることを促していたのです。
　一方，否定的な言葉を発しているにもかかわらず，実は子どもの表情は「やる気」に満ちあふれ，いきいきと輝いていました。
　その輝きを目の当たりにして，あるとき次の質問をしてみました。

　「どうして，できないと思ったの？」
　「どうして，無理だと思ったの？」
　「どうして，ありえないと思ったの？」

　すると，驚いたことに，子どもは「だってね…」と既習の知識や経験，数学的な見方・考え方を働かせたりしなが

ら，課題に対する答えや方法を論理的に語り出したのです。

　こうして，子どもの「できない！」「無理！」「ありえない！」などの否定語には，子どもなりの「論理」が隠れていたことに，私ははじめて気づきました。

　そして，その隠れた論理の根拠を明らかにし，授業の中で生かすことで，私の算数授業は「主体的・対話的で深い学び」のある授業へと変容していきました。

　さらに，新たな発見がありました。子どもの否定語を軸として算数授業を行うと，あまり算数が得意ではない子も手をあげて発言したり，友だちの意見に対して「僕もそう思う」「でも，この場合は違うと思うけど…」と他者の発言に対して積極的に関わったりするようになったのです。

　つまり，**算数が得意な子も苦手な子も，みんながいきいきと学ぶようになった**のです。

　本書は，算数の授業中に発する子どもの「否定語」を教師が授業の中で生かすことで，学級にいるみんなが楽しいと思える算数授業をつくり出すことを目的としました。

　本書を手に取ってくださった先生と子どもたちとの笑顔あふれる算数授業づくりの一助として，お役に立つことができれば幸いです。

2024年4月

新城喬之

もくじ

第2章

その<u>図</u>,表,グラフは,
「できない!」「無理!」「ありえない!」

第3章
その式は，
「できない！」「無理！」「ありえない！」

第4章
その図形は,
「できない!」「ありえない!」

第5章
その<u>比べ方</u>,分け方は,
「できない!」「無理!」「ありえない!」

第6章
その条件は，
「できない！」「無理！」「ありえない！」

できない！

序章
なぜ子どもの「否定語」を
算数授業の軸とするのか

無理！

ありえない！

なぜ「否定語」を算数授業の軸とするのか。

この問いに対する私の答えは，次の5つです。

1　子どもの「論理」が顕在化する
2　子どもが「自分の立場」をもてる
3　子どもの「価値観」が転換する
4　子どもが「比較・関連・統合」の視点で考察する
5　子どもが自ら「問い」を発展する

以上の5つについて，5年「速さ」の授業実践を通して，具体的に説明します。

1　子どもの「論理」が顕在化する

5年「速さ」の学習で，次のような問題があります。

時速230km で走る新幹線があります。この新幹線が3時間30分走ると何 km 進むことができますか。

この問題の前半部分を，次のように提示します。

時速230km で走る（　　　　）があります。

すると，（　　　）に入る言葉を子どもは自由に考え始めます。

C　自動車かな？　でも，もの（種類）によるかも…。
C　飛行機？　列車？　新幹線？　人？　チーター？

　この段階では，子どもは「時速230km」をなんとなく捉えており，感覚的に表現しています。そこで，先述の発言の中でも，特に子どもの考えと「ずれ」が起こりそうな発言を教師が意図的に取り上げ，揺さぶります。

> （　　　）には「人」が入りそうですね。

　すかさず，子どもは次のように反応します。

> 「人」はありえないでしょ！

T　どうして「人」はありえないの？
C　ウサイン・ボルトの全盛期の平均時速が35km だって聞いたことがあるよ。ボルトでも時速35km だから，他の人が時速230km はありえないよ！
C　他にも理由があるよ。マラソンは約42km を２時間で走るから42÷２＝21で時速21km でしょ。だから，やっぱり時速230km で人が走ることはありえないよ。

子どもは既習の知識や経験を基に「ありえない」と思う理由を語ります。また，その理由を自分がイメージしやすい例えを用いて説明するので，子どもは事象に対して主体的に働きかけることができます。

　子どもの「ありえない」という否定語の背後には，既習の知識や経験を根拠とした子どもの「論理」が隠れています。その論理を引き出すきっかけが「ありえない」をはじめとする否定語なのです。

2　子どもが「自分の立場」をもてる

　前述のやりとりを行った後，（　　　）には新幹線が入ることを伝え，続きの問題文を書きます。

> 　時速230kmで走る（新幹線）があります。
> 　この新幹線が３時間30分走ると何km進むことができますか。

　そして，この後自力解決に入ります。
　子どもが考えた式は，大きく４つに分かれました。
　この４つの式を順番に提示するのではなく，一斉に提示することで，子どもは自分の式との共通点や相違点に着目します。また，相違点に着目する中で，子どもは「この式は絶対にありえない」という視点をもちます。

T　実は，皆さんが考えた式は４つあります。

　　ア　230×3.3
　　イ　230÷3.5
　　ウ　230×3.5
　　エ　230×3 ＋230÷2

C　イはありえないでしょ！
C　エもありえないでしょ！
T　式を提示した瞬間に，イとエはありえないという発言
　　がありましたが，アとウの式との違いは何かな？
C　アとウの式はかけ算で，イはわり算，エもわり算が入
　　ってる。
T　ということは，この問題では「わり算」はありえない
　　ってこと？

> わり算はありえない。この問題はかけ算だよ！

　「この式はありえない」と考える理由を問うことで，４
つの式が「かけ算」と「わり算」の２つに分類されます。
　「ありえる」に分類された２つの式は「どっちの式がよ
いのか」とさらに絞られ，２択になります。

　つまり「ありえない」という否定語を起点とすることで，

複数の考えが取捨選択され，最終的に「どっちの式（答え，図，表，言葉など）がよいのか」と問いが焦点化されます。

問いが「どっち」と焦点化されることで，算数が苦手な子も，どちらかに自分の立場をもつことができます。

自分の立場をもつことができると，子どもは主体的に算数授業に参加します。

3　子どもの「価値観」が転換する

「なぜわり算はありえないのか」と問いが焦点化されたことで，子どもは「ありえない」と考える理由を説明します。

一方「ありえない」ではなく，「ありえる」，すなわち正解だと思うものを取り上げても同じように展開することができます。

しかし，算数が苦手な子にとっては，正解を選ぶことよりも「ありえないもの（不正解）」を選ぶことの方が考えるハードルも心理的なハードルも低くなります。

「ありえない」を選ぶことは「消去法」の考え方に似ています。1回で正解を出すことが難しい場合は，まず，複数の選択肢の中から「明らかに違っているもの」を消去していくことで，最終的に残ったものを正解とします。

算数が苦手な子にとって，一度の思考で正解まで辿り着くことは容易ではありません。そのため，「ありえないも

の」を選ぶことで，少しずつ正解に近づいていくことがで
きます。

　また，学級の中には「１回で正解を出さなければいけな
い」と考え，プレッシャーを感じている子がいます。
　算数の学習では「正しいことを主張し，その理由を説明
できること」も大切ですが，「正しくないことを主張し，
その理由を説明できること」も同様に価値のある学びとな
ります。そういったことを，子どもが理解することも大切
です。
　このように，否定語を算数授業の軸とすることで，算数
の学習に対する子どもの「価値観」が転換します。

4　子どもが「比較・関連・統合」の視点で考察する

　　ア　230×3.3
　　イ　230÷3.5
　　ウ　230×3.5
　　エ　230×3＋230÷2

C　わり算が入っている式の中でもイが一番ありえない！
C　数直線をかいてみると，わり算ではないことがはっき
　　りするよ。

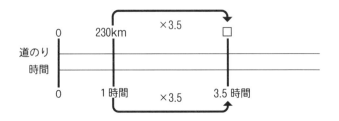

C 時速230km だから，1時間で230km 進むことができて，3.5時間では□ km 進むので…

時間と道のりは比例の関係になっています。だから時間が1時間から3.5時間と3.5倍になっているので，道のりも同じように3.5倍になって，式は230×3.5になります。だから，わり算ではなくかけ算となります。だから，ウの230×3.5の式が合っていると思います。

C わり算ではないことが今の説明ではっきりしたので，エの式も違うね。

C ちょっと待って！ ウとエは同じだよ。

T 確かに，式は違うけど，答えは805km で同じだね。

C 答えも同じだけど，求め方も同じだよ！

C 求め方も同じってことはありえないでしょ！

C エの230×3 の式は時速230km の新幹線が3時間走ったら690km 進むってことでしょ。残り30分走るってことは時間にしたら1時間の半分だから0.5時間でしょ。だから230÷2の式の意味は0.5時間で115km 進むことができるってことだから，3時間で690km 進んで残り0.5時間で115km 進むことができるから，合

わせて805km進むことができる。

T　では，今の説明を整理すると$230 \times 3 + 230 \div 2$はどのような式に置き換えることができるの？

$$230 \times 3 + 230 \div 2$$
$$\downarrow$$
$$230 \times 3 + 230 \times 0.5$$
$$\downarrow$$
$$230 \times 3.5$$

　このように，いくつかの式がある場合，1つずつ順番に議論するのではなく，まず子どもが一番ありえないと考える1つの式を取り上げます。その1つの式を深く考察することで，子どもは他の式と比較したり，関連づけたり，統合したりします。そうすることで，子どもの数学的な見方・考え方は豊かになります。

　本時では，「イ　$230 \div 3.5$」の「ありえない式」を取り上げたことで，「ウ　230×3.5」の式の妥当性が自然と説明されました。さらに「わり算はありえない」ということから，「エ　$230 \times 3 + 230 \div 2$」の式を考察する必然性が生まれ，式変形によって「ウ　230×3.5」の式に統合されました。

また，エの式を考察する中で，「ア　230×3.3」は3時間30分を3.3時間と捉えた誤答であったことにも気づくことができました。すなわち，「イ　230÷3.5」の「ありえない式」を起点とすることで，ア〜エの4つの式が比較・関連づけられ，統合されることによって，深い学びを実現することができたのです。

5　子どもが自ら「問い」を発展する

さらに，本授業では次の問いが生まれました。

3.5時間＝3時間30分

3.3時間＝3時間□分

0.3時間は，何分なのかな？

この問いに対して「0.3時間を分数で表すと$\frac{3}{10}$時間になって，$\frac{3}{10}$時間は$\frac{18}{60}$分とも表すこともできるから，18分ということがわかる」と子どもは説明しました。

$$0.3時間＝\frac{3}{10}＝\frac{18}{60}$$

このように，**否定語を算数授業の軸とすることで**，子どもは「自ら『問い』を発展させる」ことを楽しむようになり，算数授業自体を楽しむようになります。

第1章
その答えは，
「ありえない!」

....

その答えはありえない！ から，

たし算の意味を
理解する

1年／たしざん(1)

1 授業づくりの工夫

　本時は「たしざん(1)」の導入授業です。子どもは日常
生活などを通して「お菓子2個とお菓子3個を合わせると，
全部で5個になる」といったことは経験しています。また，
5個のお菓子が具体的に見えるため，2と3を合わせると
5になることに対して，何の疑問ももちません。

　本時では，たし算の導入で使われる金魚を水槽に入れる
場面において，金魚を水槽に入れた後，水槽を隠します。
すると子どもは何も問わなくても「金魚は○匹いるだろ
う」と予想を始めます。そこで，子どもが予想している数
とは違った数を教師は提示します。

　そうすることで「○匹は絶対ありえない！」と子どもは
ブロックを使ったり，絵をかいたりしながら論理的に説明
します。

　このように，子どもがムキになって説明するような展開
を通して，「たし算」の概念を豊かにしていきます。

2 4匹はありえない！

　金魚が左に2匹，右に3匹いることを子どもと確認した後，次のスライドを提示します。

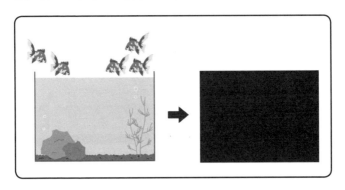

T　今見せた絵（スライド）はどんなお話になりますか。
C　金魚が左に2匹いて，右に3匹います。水槽の中に両方入れました。水槽には，金魚が仲良く5匹います。
C　私も同じ！　水槽には金魚が5匹いると思います。
T　では，皆さんの予想が当たっているか確認します。

C え〜絶対におかしい！　**4匹はありえない！**

C 2と3を合わせたら，5だよ。金魚は絶対に5匹いる
　 はずだよ！

T 残念でした。金魚は2匹と3匹を合わせると，4匹に
　 なりますね。

C 絶対に違う！　2と3を合わせたら5だから，金魚も
　 絶対に5匹になるはずだよ。ブロックを使って説明で
　 きるよ！

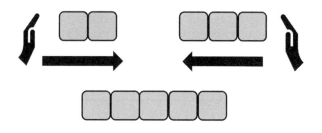

　 実際に全員でブロックを使い，説明した子と同じブロッ
ク操作を行い，確認します。

　 次に，視点を変えて，「だったら，金魚が何匹，何匹の
ときだったら4匹になるのかな？」と教師が問い，和が4
になるたし算を引き出します。

C 金魚が左に1匹で，右に3匹いたら全部で4匹！

C その反対もあるよ！　左に3匹，右に1匹！

C 他にも，金魚が左に2匹，右に2匹もあるよ。

一方，子どもは「どうして絵（スライド）は4匹だったのか」が気になります。するとすてきな1年生は「金魚は動くからどこかに隠れていたのかも…」と考え，あることに気づきます。

C　あっ，右上の金魚が重なってる！
C　やっぱり，金魚2匹と3匹を合わせると5匹じゃん！
C　安心したぁ〜。
T　よかったね。金魚「は」2匹と3匹を合わせると5匹になるね。

　教師が「金魚『は』」と強調することで，子どもたちは，「他の動物やものでも，2と3を合わせると絶対に5になるよ！」と反論してきます。
　このようにして，子どもの新たな問いが生まれたところで次のようなめあてが生まれ，子どもの活動はさらに活発になります。

> 　教室の中から2と3を合わせると5になるものを探そう。

その答えはありえない！ から，

順序数と集合数の意味を
捉え直す

1年／ものとひとのかず

1 授業づくりの工夫

　本時は，順序数と集合数のたし算の授業です。本時では問題文や式に出てくる数の意味を問うことで，順序数と集合数の違いを明確にし，順序数を集合数へ置き換えることをねらいとします。

　例えば，本時の1問目の問題に対して，多くの子どもは5＋3＝8と容易に立式し，答えを求めるでしょう。

> いとしさんは，前から5番目です。
> いとしさんの後ろには，3人います。
> 子どもは何人ならんでいるでしょう。

　そこで，教師は「式にある5は5番目の5？　それとも5人の5？」と揺さぶります。そうすることで，子どもは問題文や式に表す「数」の意味を再考し，ブロックなどで表現することで，たし算の意味を再構築します。

2　4人はありえない！

次の問題を提示し，自力解決に入ります。

> いとしさんは，前から5番目です。
> いとしさんの後ろには，3人います。
> 子どもは何人ならんでいるでしょう。

　子どもは「簡単だよ」と言って，すぐに5＋3＝8で答えは8人とします。そこで，式で表している数を子どもに問い，教師がその言葉を受け，ブロックで表現します。

T　5＋3＝8の5は5人の5？　それとも5番目の5？
C　5番目の5だよ！
T　ということは，いとしさんは5番目の5でその後ろに3人だからブロックで表すと…。

　答えは4人ですね。残念！　皆さん間違っていました。
C　<u>4人はありえないよ！</u>　絶対に8人だよ！

　このような揺さぶりによって，子どもは5番目の順序数

を5人の集合数に置き換える必然性が生まれます。

C　5番目の5はいとしさんを含めた5人という意味でも
　　あるからブロックで考えると…。

（まえ）

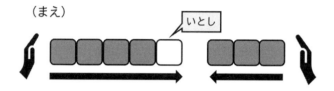

C　いとしさんを含めて5人に，後ろの3人を合わせるか
　　ら，やっぱり式は5＋3＝8で，答えは8人だよ。
T　なるほど。最初にみんなが話していた5は5番目の5
　　ではなく，いとしさんを含めた「5人」という意味だ
　　ったんだね。だから5人＋3人＝8人ということだね。

　教師は，子どもが「順序数の5」から「集合数の5」へ
と意味理解を変容させたことを価値づけます。
　たし算は集合数同士でしかたせないことや同種の量でな
ければたせないことを1年生から意識的に指導することが
大切です。

　続いて，1問目の問題とちょっとだけ違う問題を提示し
ます。

> いとしさんの前には5人います。
>
> いとしさんの後ろには，3人います。
>
> 子どもは何人ならんでいるでしょう。

C　簡単簡単！　これもさっきと同じじゃん！

C　似ているけど，ちょっと違うような…。

　ここで教師は「さっきと同じ」という言葉に賛同し，次のように揺さぶります。

T　そうですね。さっきと同じようにこの問題も5＋3＝8で求めることができますね。

C　さっきと似ているけど，ちょっと違うよ！

T　同じだよ。だって1問目も問題文に5と3の数があったでしょ。それに1問目とは違い「5人」「3人」と人数もはじめから出ているから，間違いないよ。

　教師の揺さぶりに対して「確かにそうだね」と納得する子が増えてきます。しかし，数名が反論してきます。

C　1問目は，いとしさんを含めて5人だったでしょ。でも，2問目は「いとしさんの前には5人」だから，いとしさんを含めて6人いるということだよ。

C　だから5＋3の式だと，いとしさんがいないことにな

っちゃうよ！

C　ブロックで説明すると，こんなふうになる。

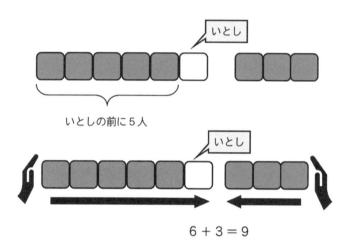

$$6 + 3 = 9$$

　　最後に１問目と２問目を並べて提示し，２つの問題を考
察します。

いとしさんは，前から５番目です。

いとしさんの後ろには，３人います。

子どもは何人ならんでいるでしょう。

いとしさんの前には５人います。

いとしさんの後ろには，３人います。

子どもは何人ならんでいるでしょう。

そして，次のように問いかけ，2つの問題文を同じ構造にできることに気づかせます。

T　1問目と2問目が同じような問題だったら，混乱しなかったのにね。
C　同じようにできるよ！
C　2問目の問題の言葉を，こんなふうに変えるといいと思う。

> いとしさんは，**前から6番目です。**
> いとしさんの後ろには，3人います。
> 子どもは何人ならんでいるでしょう。

T　2問目の問題文の一部を変えることで，1問目と同じように考えることができるんだね。ナイスアイデアです！

その答えはありえない！ から，

図形の見方を広げる

2年／三角形と四角形

1 授業づくりの工夫

本時は三角形と四角形，直角の概念を学習した後の授業です。

子どもに「あたり・はずれゲームをしよう」と伝え，7つの図形（四角形4つ，三角形3つ）を提示します。

学級を2グループに分け，交互に図形を選び対戦します。図形の裏には「あたり」「はずれ」と書いてあります。

子どもは，「四角形があたり」「三角形がはずれ」と考えるようになります。そこで「この図形はあたりでしょうか，それともはずれでしょうか」と問い，直角三角形を提示します。すると「はずれです」と子どもは答えますが，実際の答えは「あたり」です。

そこで，次のような問いが子どもに生まれます。

「なぜ，三角形なのに『あたり』なのか」

「四角形があたりで，三角形ははずれではないのか」

この問いを考えることを通して，子どもの図形の見方が広がり，多様な構成要素に着目するようになります。

2 三角形はありえない！

7つの図形を提示し，あたり・はずれゲームをします。

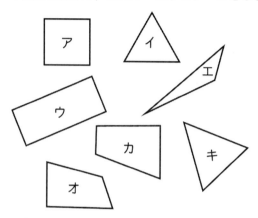

C　アはあたりだ！

C　イははずれ。残念。キもはずれ，ウとオはあたり…。

C　だったら，カはあたりで，エははずれだ！

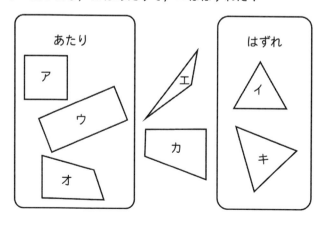

エがはずれ，カがあたりに分類されると，「四角形があたりで，三角形がはずれだ」と子どもは確信します。

　そこで「では，この図形はあたりですか，はずれですか？」と下の直角三角形を提示します。

C　絶対はずれ！

T　正解は…

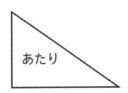

あたり

C　え〜，<u>三角形はありえない！</u>　なんで!?

T　どうしてありえないの？

C　だって，あたりは四角形で，はずれは三角形でしょ？
　　これは３つの辺で囲まれているから，三角形だよ！

T　ということは，「四角形があたりで，三角形がはずれ」っていう理由が違うのかもね。

　こうして，「あたり・はずれの理由は何だろう？」と子どもの疑問が大きくなってきた段階で，次の図形を提示します。

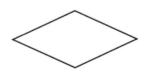

T　この形はあたり？　それともはずれ？

C　四角形だからあたりだと思うけど…。

C　でも，さっきは三角形でもあたりだったから，どっちだろう…？

T　この形は…，はずれです！

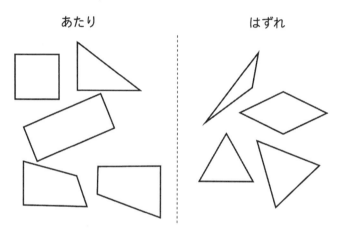

あたり　　　　　　　　　　　　　　はずれ

　ここまでくると，ゲームであたりを引くことではなく，「あたりに分類される図形の共通点は何か」ということに子どもの問いは焦点化されます。

C　わかった！　あたりには「あれ」がある！

C　本当だ！　あたりには，全部「あれ」があるよ！

　見えないものが見えてきた喜びがクラス全体に広がっていきます。全員が「直角」の観点に気づいたところで「あ

たりにある，『あれ』とは何ですか？」と問い，直角のある・なしで図形を分類していたことを確認します。

3　直角が3つの形はありえない！

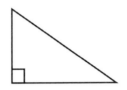

「直角がある三角形を直角三角形といいます」と子どもに教えます。そして「直角三角形は直角が1つあるね」と教師が意図的につぶやきます。

すると，「だったら直角が4つのものがある」と長方形と正方形を同じ仲間と見る子が現れます。また，「直角が2つある四角形があるよ」「直角が1つある四角形があるよ」と，子どもは直角の数で図形を分類し始めます。

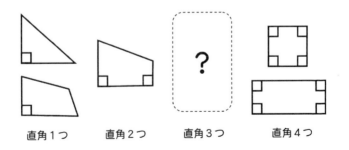

ここで，子どもから次の２つの問いが生まれます。

①直角が３つの形はないのか？
②直角が４つある形は何が違うのか？

C　**直角が３つの形はありえないよ！**　ありえないというか，直角が３つだと，絶対に直角が４つの形になる！

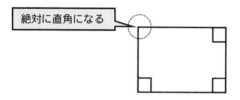

絶対に直角になる

C　直角が４つある形は似ているようで違うような…。

C　わかった。辺の長さが全部同じものと，そうでないものがある！

　このように，子どもが辺の長さに着目し，直角が４つある図形を分類する視点を得た時点で，正方形と長方形の定義と言葉を教えます。

その答えはありえない！ から，

帰納的，演繹的に考える

1 授業づくりの工夫

　本時は，2桁×1桁のかけ算の筆算の発展的な内容として帰納的・演繹的な考え方を高めるために行う授業です。

　①〜⑨までの9枚の数字カードと，□が3つあるかけ算の筆算を提示します。まず，教師は何気なく数カードの中から① ② ③の3枚のカードを選びます。

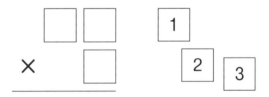

　「答えが…」と教師が発すると，子どもは「大きくなる筆算をつくろう」または「小さくなる筆算をつくろう」と課題を設定します。このように子どもが課題を設定することで，授業後半でも，子どもが自ら問いを発展させ，数字カードを変えたり，課題設定を変えたりしながら，かけ算の筆算を楽しむ1時間になります。

2 答えが同じはありえない！

T 今日は，かけ算の筆算をします。使うカードは $\boxed{1}$ 〜 $\boxed{9}$ の数字カード9枚です。まずは，$\boxed{1}$, $\boxed{2}$, $\boxed{3}$ の3枚の カードでやってみましょう。

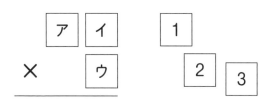

C □に数を入れて計算するのかな…。
T 答えが…
C 一番大きい筆算をつくろう！
C 一番小さい筆算をつくろう！ 逆でもおもしろいよ！
T まず答えが一番大きい筆算をつくってみましょう。

　しばらく自力解決の時間を取り，全員が自分の考えをもったところで，子どもに問いかけます。

T 実は，全員が $\boxed{1}$ を同じ場所に入れていました。どこに入れたのかな？
C イです！
T アからウの3つの□があるのに，どうして答えが一番大きい筆算をつくるには，$\boxed{1}$ はイのところなの？

このように教師が問い返すことで，感覚的かつ無自覚に行っていた筆算づくりを，論理的かつ自覚的に行うようになります。

C　かけられる数の一の位に一番小さい数を入れ，十の位に大きい数を入れた方が，答えを大きくできるからだよ。

T　全員が①を同じ場所に入れていたけど，実は，②と③の入れ方には２つのパターンがありました。

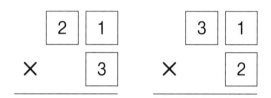

T　答えは同じになるから，どっちでもいいよね。

C　**答えが同じになるってありえないでしょ！**

C　答えが同じになると考えた気持ちはわかる…。だって２×３＝６だし３×２＝６だから同じ60の答えになるでしょ。

C　でも，かける数が３の場合は１×３＝３，２の場合は２×１＝２となって，答えが63になる21×３の筆算が一番答えが大きくなる。

T　では，かけ算の筆算の問題はこれで終わります。

C　他の数でもっとやりたい！

C 今度は，⑨，⑧，⑦の３つのカードでやろう！

　ここでも，先述の筆算同様，２つの筆算で「ずれ」が生まれます。

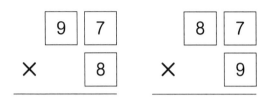

C さっきと同じだから，87×9が一番大きい答えになる。
T さっきと同じ？　さっきは①，②，③のカードで，今は⑦，⑧，⑨のカードだから，全然違うじゃん！
C 使っているカードが同じということではなくて，考え方が同じってこと！　かけられる数の十の位にカードの数の中で２番目に大きい数が入って，一の位に３番目に大きい数が入る。かける数は一番大きい数が入るってこと。

　実際に計算して確かめてみると，87×9＝783，97×8＝776となり，先述のきまりが成り立つことが子どもに理解されます。

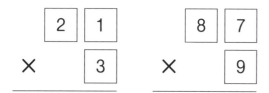

　するとここで，「さっきは①，②，③と連続した数だっ
たけど，①，⑨，③のように数の並びがとびとびになって
いても，このきまりが使えるか，やってみたい」と子ども
は問いを発展させ，他の場面でも適用できるのか，試した
くてたまらない状態になります。

　そこで，しばらく好きな数で試す時間を取ります。

　そして，授業終盤に子どもに次のように問います。

T　もし続きをやるとしたら，明日はどんな課題がいい？

C　今日は答えが一番大きい筆算だったから，答えが一番
　　小さい筆算をやってみたい！

C　それだと同じ考え方だから，あまり楽しくないなぁ。

T　答えが一番大きい筆算をつくることと，答えが一番小
　　さい筆算をつくることは同じなの？

C　例えば，④，⑤，⑥なら，ほら，同じ考え方だよ。

C　同じ考え方って言われても…。

C　こういうことだよ。

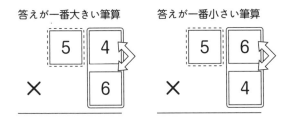

答えが一番大きい筆算　　　　答えが一番小さい筆算

C　本当だ！

　「なるほど」と教師が一度納得し，「で，どういうこと？」と問い返すと，子どもはより丁寧な説明を試みます。

C　まず，かけられる数の十の位にカードの数の中で2番目に大きな数が入るのは同じでしょ。でも，答えが一番大きい筆算をつくるときはかける数は一番大きな数が入ったけど，答えが一番小さい筆算をつくるときはかける数には一番小さな数が入る。

　この説明に，一度では理解できなかった子も「本当だ，おもしろい！」と笑顔になりました。

C　□の数を増やして，2桁×2桁でやってみたい！　何かきまりがあるのかなぁ。

量分数と操作分数の
違いに気づく

3年／分数

1 授業づくりの工夫

　本時は「分数」の導入授業です。子どもに長さの違う赤
（1 m）と青（80cm）のテープを配付します。

　そして，「このテープの$\frac{1}{4}$のテープを切り取って，黒板
に貼ってください」と指示します。

　すると，「長さが違うよ」「同じように 4 等分したうちの
1 つ分を切り取ったはずなに，$\frac{1}{4}$の長さが違う」と子ども
は大騒ぎになります。

　ここで「なぜ，赤と青のどちらも 4 等分したうちの 1 つ
分を切り取ったのに，$\frac{1}{4}$の長さが違うのか」と子どもの問
いが生まれます。

　子どもは「赤と青のテープのもともとの長さが違うから
4 等分したうちの 1 つ分が変わったのではないか」と予想
します。その予想を確認するために，それぞれの$\frac{1}{4}$の長さ
を測ります。そこで，赤は 1 つ分が25cm，青が20cmで
あることが確認され，赤のテープは元の長さが 1 mであり，
青は80cmであったことが理解されます。

最後に，量分数の定義を教えます。

2 1つ分の長さが違うのはありえない！

T 白テープの$\frac{1}{2}$を切り取れますか？

C 簡単！　半分に折って1つ分を切り取れば$\frac{1}{2}$だよ。

T では，次は$\frac{1}{4}$を切り取ろう。赤のテープ（下図の色が濃い方）が15人分しかないから，残りの15人は青のテープ（下図の色が薄い方）を使ってね。

C テープを4等分した1つ分だから…。

C 半分に折って，それをさらに半分に折るとできるね。

C よし，できた！　黒板に貼ってこよう！

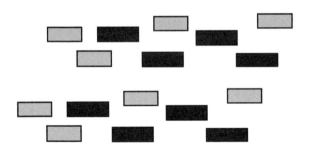

C あれ？　長さが違うよ。なんかおかしい…

C テープを4等分したうちの1つ分だから，**$\frac{1}{4}$の長さが違うのはありえないでしょ！**

T $\frac{1}{4}$のつくり方が間違っているのかもね。もう1回つくり直しましょう。

C つくり方は絶対間違ってない！　もしかして…。

C 赤と青のテープの元の長さが違っていたのかも。

C 1つ分の大きさが違うと，いくつ分が同じでも，全体の長さは違ってくるでしょ。

C 先生，赤と青のテープの長さを測りたいです。
（実際に測定してみる）

C ほら，やっぱり！　赤は25cm で，青は20cm だよ！

C ということは，25×4＝100 で100cm だから，赤の元のテープの長さは1 mだ。

C 青のテープは20×4＝80 だから，青の元のテープの長さは80cm だ。

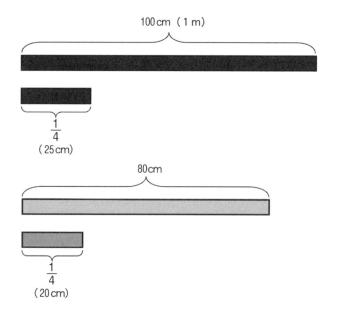

C 同じ $\frac{1}{4}$ でも，元の長さが違うと，1つ分の長さが変わってくるね。

　ここで，量分数の定義を教えます。

---

1 mを4等分したうちの1つ分の長さを $\frac{1}{4}$ mという。

T 赤のテープは1mを4等分したうちの1つ分の長さだから $\frac{1}{4}$ mということがわかりました。つまり，青のテープは $\frac{1}{4}$ mではないということですね。

C 青のテープは何mと言えばいいのかな？

C 分数で表すことができるのかな？

　元の長さの $\frac{1}{4}$ の長さは無数にあるけれど，$\frac{1}{4}$ m（25cm）は1つしかないことが認識され始めると，子どもの問いは「青のテープは何mと言えばよいのか」に焦点化されます。

C わかった，青のテープは $\frac{1}{5}$ mだよ！

C そうだね，$\frac{1}{5}$ mだよ。

C 青のテープの長さは20cm でしょ。100÷20＝5 だから，1 m（100cm）を5等分した1つ分は，$\frac{1}{5}$ mになる！

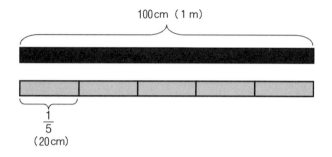

100cm（1m）

$\frac{1}{5}$
（20cm）

　赤のテープが1mを4等分したうちの1つ分の長さで$\frac{1}{4}$m，青のテープが1mを5等分したうちの1つ分の長さで$\frac{1}{5}$mであることが理解されたところで，最初に使った白いテープを提示し，長さが何mになるのかを考えます。

C　これも，赤や青のテープと同じように，1mを何等分
　　した長さかわかれば，何mかわかるかもね。

C　白いテープの1つ分の長さは10cmだよ！

C　わかった！　100÷10＝10で，10cmは1mを10等分
　　した長さだから，白いテープは$\frac{1}{10}$mだ。

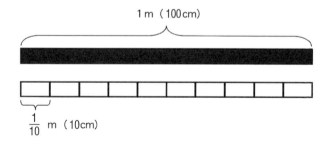

1m（100cm）

$\frac{1}{10}$ m（10cm）

T　赤のテープは$\frac{1}{4}$m，青のテープは$\frac{1}{5}$m，白のテープは$\frac{1}{10}$mでした。

$$\frac{1}{4}\text{m} \quad \frac{1}{5}\text{m} \qquad\qquad\qquad\qquad \frac{1}{10}\text{m}$$

　これまでつくったテープの長さを，上のように意図的に間隔を空けて板書します。すると，子どもは再び動き出します。

C　だったら$\frac{1}{2}$m のテープも簡単につくれそう！
C　$\frac{1}{3}$mもつくれそう！
C　$\frac{1}{3}$mがつくれたら，それをさらに半分にしたら$\frac{1}{6}$m がつくれるかも。
C　$\frac{1}{7}$mはちょっと難しそう…。

　実際につくることが難しい長さもありますが，子どもは1mを□等分したうちの1つ分は$\frac{1}{□}$mの長さになるという見通しをもつことはできています。
　ここからは，好きなだけ1mのテープを子どもに配付します。子どもは友だちと試行錯誤しながら，$\frac{1}{□}$mの分数づくりを楽しみます。概念は，実際に活用することでより確かなものとなります。

その答えはありえない！ から，

概数の意味を理解する

4年／がい数とその計算

1 授業づくりの工夫

　本時は「がい数とその計算」の導入授業です。子どもは
ある事象に対して「だいたいこれくらいだろう」と感覚的
な見通しをもっています。しかし，その見通しと明らかに
違う大きな数や小さな数が表出されると「それはありえな
いでしょ」と違和感を抱きます。そして，この違和感を顕
在化させ，議論していくことで，感覚的に捉えていた「概
数」を論理的に考えるようになります。

　本時で扱う教材は，新聞の一面の見出しです。新聞の見
出しには多くの「概数」が使われています。一方，新聞に
は様々な分野における「正確な数」も使われています。
　そこで，新聞社の人たちがなぜ概数で表したのか，なぜ
正確な数で表したのかという書き手の目的を考えることで，
概数の意味理解を深めていきます。

2 1億人はありえない！

　サッカーの試合会場の入場者数を隠した新聞の一面を提示し，「入場者数は何人でしょう」と尋ねます。しばらく自力解決の時間を取った後，全員に自分の予想を発表してもらいます。

C　1万人。　　C　5千人。　　C　5千万人。
C　100人。　　C　5万人。　　C　150万人。
C　1億人。　　C　1000人。

　すると「1億人」の発表で笑いが起きました。その笑いに対して，教師は問い返します（もし，子どもから「1億

人」という予想が出なければ，教師から提示してもよいで
しょう）。

T　どうして「1億人」という発表を聞いて笑ったの？

C　だって，<u>1億人はありえないでしょ！</u>

T　そう？　もしかしたら1億人の可能性もあるかもよ。

C　絶対ないよ！　だって1億人は日本の人口の数だよ。
　　日本に住んでいる人が全員この会場に来るわけないし，
　　来たとしても入らないよ。

　ここで，感覚的または無意識に予想していた入場者数に
「ありえない数」という視点が入ることで，最初に子ども
が予想した概数が取捨選択されていきます。

T　1億人のように「この数はありえないでしょ」という
　　視点でいうと，他にもありえないものはある？

C　5千万人もありえないでしょ。日本の人口の半分近く
　　の人が来るわけないじゃん！

C　150万人もありえないよ。沖縄の人口ぐらいだよ。

T　逆にこの数は「ありえる」というものはどれかな？

C　1万人とか5万人かな？

T　どうしてそう思うの？

C　だって，テレビとかで「今日の日本代表の試合の観客
　　は5万人です」とか「1万人です」とか聞いたことあ
　　るもん。

子どもが既習の知識や経験などからサッカーの入場者数を「１万人」と「５万人」に絞り込んだところで，「8000人」という答えを提示し，確認します。

3　7000人はありえない！

T　入場者数は8000人とわかりましたね。ところが，リード文には，今回の入場者数は7699人と正確な数が書いてあります。どうして新聞社の人たちは7699人と正確な数を書かなかったのだろう？

C　読者にわかりやすく伝えるためだよ。およその数の方がわかりやすいもん。

C　読者の関心を引くためだと思う。きりのいい数の方が覚えやすいもん。

T　なるほどね。新聞社の人たちは目的があっておよその数にしているんだね。このおよその数のことを算数の言葉で「概数」といいます。

　リード文にある正確な数と見出しにある概数を比較することで「なぜ，新聞社の人たちは概数で表したのか」という概数で表現する目的やよさを理解することができます。そして，さらに次の発問で揺さぶります。

T　概数で表した方が読者に伝わるんだったら，7000人と書いてもいいよね？

C 　**7000人はありえない！**

C 　7000人でもいいと思うけどな。わかりやすいし…。

T 　7000人よりも8000人の方がいいと思う人？

C 　7000は遠いよ！　8000人の方が7699人に近いよ。

　子どもは「7000人よりも8000人と表す方がよい」理由を，「7699人に近い」という表現で伝えました。そこで，教師から数直線図を提示し，子どもがいう「近い」「遠い」を可視化します。

T 　だいたい7699人はこのあたりだと思うところで「ストップ」と言ってね。ではいくよ…

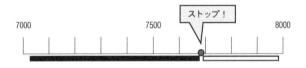

C 　ストップ！　ここ！　7700にいかない手前。

C 　ほら，7699人は7000よりも8000に近いでしょ！

T 　数直線に書いてもいないのに，皆さんはどうして7699が8000に近いと判断できたの？

C 　7000と8000の真ん中は7500だから，それの右か左かで考えました。

T 　つまり，7699のどの位に注目したのかな？
　　一の位？　十の位？　百の位？　千の位？

C 　百の位！　百の位が5より大きかったら8000に近くて，

5より小さかったら7000に近くなる。

　このようなやりとりを経て，子どもが感覚的に捉えている「四捨五入」の方法を整理し，算数の用語としての意味を指導します。

　　約7000　　　　　　約8000
　　70■■　　　　　　75■■
　　71■■　　　　　　76■■
　　72■■　　　　　　77■■
　　73■■　　　　　　78■■
　　74■■　　　　　　79■■

　　百の位の数字の大きさに着目し，百の位の数字が
　　　　0，1，2，3，4のときは，約7000
　　　　5，6，7，8，9のときは，約8000
　とする方法がある。
　　このような方法を四捨五入という。

T　次の数は約7000かな？　約8000かな？
　　7324は？（7000）　7987は？（8000）　7500は？
C　えっ，7500？　真ん中だからどっちだろう…？
T　7500は四捨五入の方法では8000になります。

その答えはありえない！ から，

わり算と
かけ算の性質の違いを
見いだす

5年／小数のわり算

1 授業づくりの工夫

本時は「小数のわり算」の導入授業です。小数のわり算の導入授業では，子どもが既習の小数のかけ算の学習から類推的に考え，次のような誤概念が生まれます。

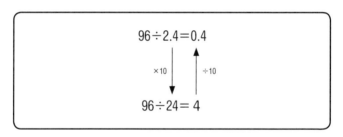

一方，子どもは答えの0.4円に対して「おかしい」「ありえない」と違和感を抱きます。

この子どもが抱く違和感を授業の中で顕在化させ，議論していくことで，わり算の性質や数直線図を用いた計算の仕方を引き出していきます。

2 0.4円はありえない！

> 2.4m で96円のリボンがあります。
> このリボン1mの値段はいくらでしょう。

　上の問題を提示し，しばらく自力解決の時間を取ります。子どもの答えはおおよそ3つに分かれます。

A／0.4円　　　B／4円　　　C／40円

　すると，ある子が「答えがありえないなぁ」とつぶやきます。その子のノートを見ると，次の計算が書かれています。

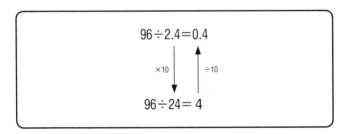

　そこで，この計算の仕方を板書し，全体に次のように投げかけます。

T　○○さんは「答えがありえないなぁ」と悩んでいます。

気持ちがわかるかな？

C 僕も0.4円はありえないなぁと悩んでいたから，気持ちがわかるよ。でも，計算するとこうなっちゃう…。

T どうしてこのように計算しようと思ったのかな？

C だって，小数のかけ算では小数を整数にするためにかける数を10倍したら，その分，積を$\frac{1}{10}$しないといけないでしょ？　だから同じように考えたと思う。

　なんとなく「0.4円はありえない」と思ってはいるものの，子どもたちはその理由を説明することに困ります。

　すると，他の子が「4円だと思う」と黒板に筆算を書きます。

$$\begin{array}{r} 4 \\ 24\overline{)96} \\ \underline{96} \\ 0 \end{array}$$

　筆算を書いて「4円」と考えた子も「0.4円」と考えた子も，「整数÷整数に置き換えて計算したい」という考え方は共通しています。このように，既習の小数のかけ算の計算の仕方から類推し，小数のわり算の計算の仕方を考えようとした着眼点を価値づけます。

3 どちらも絶対ありえない！

T では，0.4円と4円では，どちらが正しい答えかな？

C そもそも，0.4円という値段はないから4円かな。

C どっちも絶対ありえないよ！ 答えは40円！

T どちらも絶対にありえないということを，みんなが納得できるように説明できる？

C できます！ だって，わり算はかけ算の逆だから…

　　　　0.4円 … $\boxed{0.4} \times 2.4 = 0.96$

　　　　4円 … $\boxed{4} \times 2.4 = 9.6$

　　　　40円 … $\boxed{40} \times 2.4 = 96$

やっぱり答えは40円だよ！

　逆算を使って計算することで，96÷2.4の答えは0.4円や4円ではなく40円になることが明らかになります。

　そこで，子どもたちを次のように揺さぶります。

T 小数のわり算は，計算の性質を使って計算することができなかったから，地道に逆算を使っていこう！

　この揺さぶりで，子どもたちの問いは96÷2.4の計算の答えを出すことから「小数のわり算のまま計算することはできないか」「小数のかけ算と同じように計算の性質を使って計算できないか」という問いに変わっていきます。

C　かけ算の性質ではなく，わり算の性質を使って計算できるよ！

T　わり算に計算の性質ってあったかな…？

C　わる数とわられる数に同じ数をかけたり，わったりしても答え（商）は変わらないという性質。例えば…

　このようなやりとりを経て，96÷2.4の小数のわり算も計算します。

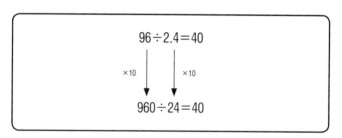

　そして，この考え方を先述の筆算に生かすことができないかを子どもに問います。

C　さっきの筆算はわる数だけ10倍していたけど，わられる数も10倍して筆算したらいいかも…。

```
        4 0
  2 4 ) 9 6 0
      9 6 0
          0
```

　ここで，わり算の性質を生かした計算の仕方と筆算の仕方がつながったことで，子どもはより理解を深めます。そこでさらに，教師から「わり算の性質を活用した計算の仕方を数直線図に整理しよう」と投げかけます。

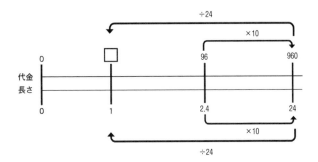

C　96円を10倍したら，960円になって，代金と長さは比例の関係だから2.4mも同じように10倍して24m。1mあたりの代金を求めるから24÷24＝1だから…。

　こうして，子どもはわり算の性質を活用した計算と筆算，そして数直線図を使った計算の仕方を統合的に考え，小数のわり算の理解を深めることができます。

その答えはありえない！ から，

分数の性質を理解する

5年／分数

1 授業づくりの工夫

本時は「分母と分子に同じ数をかけても，分母と分子を同じ数でわっても分数の大きさは変わらない」という性質を学習した後の授業です。

> □にあてはまる数をかきましょう。
>
> $$\frac{2}{3} \qquad \frac{10}{\square}$$
>
> $<$ $>$ $=$

教科書では，２つの分数の関係を表す「＝」（等号）が示されています。しかし，本時ではそれを示さず，不等号を含めた３つの記号を提示し，それを選択していく展開とします。そうすることで，子どもは多様な問いを発し，数学的な見方・考え方を働かせます。

2 ＝はありえない！

□にあてはまる数をかきましょう。

$$\frac{2}{3} \qquad \frac{10}{\square}$$

　２つの分数の関係性を表す「記号」を不足させた問題を提示します。そうすることで，子どもは２つの分数の関係性がわからなければ，□の数を求めることができないことに気づきます。そこで，関係性を表す記号は３つ（＜，＞，＝）あることを確認し，次のように問います。

T　どの記号が入ると思いますか？

$$\langle \qquad \rangle \qquad =$$

C　<u>＝は絶対にありえないよ！</u>　だって，分子が２と10で全然違うよ。

$$\frac{2}{3} \qquad \frac{10}{\square}$$

C　でも，それは分母が同じだった場合で，分母が違っても同じ分数の大きさがあるから，＝の関係はあるよ。

このようにして，「２つの分数に＝の関係が成り立つとき，□の数は何になるのか」という問いが明確になったところで，自力解決を行います。

C　もし２つの分数が＝の関係だったら，□には15が入ります。分数は分母と分子に同じ数をかけてもわっても大きさは変わらないという性質があるから。

$$\frac{2}{3} \xrightarrow[\times 5]{\times 5} = \frac{10}{\boxed{15}}$$

3　11，12，13，14，15はありえない！

T　＝の記号が入り，□の数も求めることができたので，一件落着ですね。

C　＝もあるけど，＜もあると思うけど…。

$$\frac{2}{3} < \frac{10}{\Box}$$

T　＜の関係が成り立つとき，□にはどんな数が入るかな？

　ここで自力解決に入ります。子どもの考えは大きく２つに分かれます。１つは□に３だけを入れている考え，もう１つは□に多数の数を入れる考えです。そこで，そのずれ

を顕在化させるため，一斉に□に入る数を発表させます。

T　□にどんな数が入るか，一斉に発表しましょう。

C　3！

C　1，2，3，4，5，6，7，8，9，10！

T　ちょっと待って！　□に入る数が3だけという人と，たくさん入れている人がいるけど，どっちなの？

C　3が入るのは納得。だって，分母が同じだったら分子の数が大きい方が数は大きいから。

C　3以外は，分母の数が違っているのに，どうして$\frac{2}{3}$より大きい数とわかるの？

C　$\frac{2}{3}$は真分数でしょ。$\frac{10}{□}$の中に1〜10までの数を入れると仮分数になるから，□に1〜10までの数のどれも当てはまるよ。

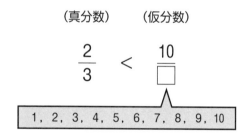

（真分数）　　（仮分数）

$$\frac{2}{3} \quad < \quad \frac{10}{□}$$

1，2，3，4，5，6，7，8，9，10

　既習の真分数と仮分数の視点で分数の大小比較を確認した後，さらに子どもの思考を揺さぶります。

T　では，もう一度□に入る数を確認するね。

1，2，3，4，5，6，7，8，9，10，11，12，
13，14，15…。

C 行き過ぎ，行き過ぎ！

11，12，13，14，15はありえないでしょ！

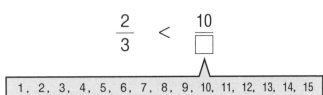

C 待って！ 11，12，13，14はありえるかも。でも，15
はないよ。

C どういうこと？

C さっき$\frac{2}{3}$と$\frac{10}{15}$は同じ大きさの分数ということは確認し
たでしょ。ということは，$\frac{10}{14}$は$\frac{10}{15}$より大きい分数だか
ら，$\frac{2}{3}$よりも大きいことがわかる。

$$\frac{2}{3} = \frac{10}{15} < \frac{10}{14}$$

C だから，□に入る数は1〜14までの数だね。

C だったら，＞もあるのかな？

$$\frac{2}{3} > \frac{10}{\square}$$

C あるよ！ □は18だ！ さっき，分数は分母と分子に
同じ数をかけてもわっても答えは変わらないっていう

性質があったでしょ？　それで考えると，$\frac{2}{3}$の分母と分子に×6をすると$\frac{12}{18}$になるから，

$$\frac{2}{3} \quad > \quad \frac{10}{\boxed{18}}$$

$$\Downarrow$$

$$\frac{2}{3} \xrightarrow[\times 6]{\overset{\times 6}{}=} \frac{12}{18} \quad > \quad \frac{10}{\boxed{18}}$$

　このようなやりとりを経て，分母をそろえて分数の大小比較をすることを「通分」ということを指導します。

その答えはありえない！ から，

図で整理する
よさを見いだす

6年／場合を順序よく整理して

1 授業づくりの工夫

　場合の数の調べ方（組み合わせ）の第1時です。A，B，C，Dの4チームでドッジボールの総あたり戦（どのチームとも1回ずつあたる）を行うことを伝えます。

　そこで，どのような試合の組み合わせがあるか，学級の子どもに尋ねます。

　「AとB」「BとC」「CとD」「DとC」「BとA」「BとD」…とランダムに発言させると，「えっ，それってさっきも言ったじゃん」「ごちゃごちゃして意味がわからなくなった…」などと，子どもは混乱していきます。

　このように子どもを意図的に混乱させ，子どもが「もう組み合わせはない」と判断したところで，次のように伝えます（最後の発表の子が12人目の場合）。

　「ドッジボールの試合の組み合わせは12試合だね」

　この言葉の後，子どもは落ちや重なりがないように，順序よく整理しながら反論します。この場面が本時の最大の山場となります。

2 12試合はありえない！

T　体育の時間に，A，B，C，Dの4チームで，どのチ
　　ームも1回ずつあたるドッジボールの総あたり戦を行
　　います。

C　ドッジボール楽しそう！

T　どんな試合の組み合わせがありますか？　発表してく
　　ださい。

C　AチームとBチーム。

C　DチームとBチーム。

C　DチームとCチーム。

C　BチームとAチーム。

C　それ，さっき言ったじゃん。

C　CチームとBチーム。

C　えっと…。

C　なんか意味がわからなくなってきた…。

　子どもたちは徐々に混乱していきますが，子どもたちか
ら「もうないでしょ」という合図があるまで続けていきま
す。

C　もうないでしょ。

T　はい，12人が発表してくれましたね。ということは，
　　4チームのドッジボールの試合数は12試合ということ

ですね。

C 12試合はありえないでしょ！

T どうしてありえないの？　12人発表してくれたよ。

C そうだけど，重なっている組み合わせとかあったよ。
　 AとB，BとAは同じでしょ。

T では，もう1回発表してもらいますね。

C もう発表はなし！　発表ではなく，ノートに自分の考
　 えを整理する時間をください！

　こうして，子どもたちから「ノートに整理したい」とい
う声が出てきた後に，自力解決の時間を取ります。子ども
たちは，既習の知識や経験から，多様な整理の仕方を考え
ます。

T 4チームの試合の組み合わせは何試合ですか？

C やっぱり12試合！

C 12試合はありえないよ。僕がクラブ活動で使っている
　 総あたり戦図を使うと，6試合だったよ。

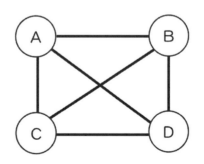

C　私もクラブ活動で使っている対戦表を使ってみたよ。
　　やっぱり6試合だね。

	A	B	C	D
A		●	●	●
B			●	●
C				●
D				

C　僕は，矢印を使って考えたよ。

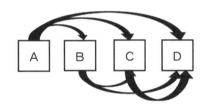

T　3つの説明がありましたね。みんなはどの方法がよい
　　と思いますか？

C　どれもいいと思う。だって，図や表は違うけど，考え
　　方は同じだよ！

C　そうそう。3つとも順序よく考えているし，試合の重
　　なりがないように，工夫しているよ。

「どの方法がよいと思うか」を問うと，子どもは３つの求め方の共通点に着目します。そうすることで「順序よく，重なりがないように整理すること」のよさを子どもは理解します。

できない！

第2章
その図, 表, グラフは,
「できない！」「無理！」「ありえない！」

無理！

ありえない！

その表はありえない！ から，

視点を決めて整理する

2年／ひょうとグラフ

1 授業づくりの工夫

本時は，「ひょうとグラフ」の単元末の授業です。

4つの形と3つの味（チョコ，クリーム，いちご）があるクッキーを提示し，「一番人気のあるクッキーはどれかな？」と伝えます。

子どもは既習の学びを生かして，表やグラフに整理しようとします。その際，子どもの考えは大きく2つに分かれます。1つは「形」で分類する考え，もう1つは「味」で分類する考えです。

このような子どもの分類の仕方のずれを取り上げ，展開していきます。

2 その表はありえない！

4つの形と3つの味（チョコ，クリーム，いちご）があるクッキーを提示します。

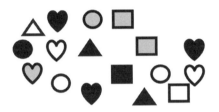

（黒がチョコ，白がクリーム，グレーがいちご）

T 一番好きなクッキーを1つ選んでもらいました。一番
   人気のあるクッキーはどれかな？
C ごちゃごちゃしているから，表に整理していいですか？

子どもが表にわかりやすく整理したいと発言したところで，自力解決を行います。

子どもは2種類の表に整理します。

「形」で分類

ハート	さんかく	まる	しかく
6人	3人	4人	4人

「味」で分類

チョコ	クリーム	いちご
7人	6人	4人

　ここで，教師は一番人気のクッキーの人数を問います。形で分類した子は「6人」と答えます。

　一方，味で分類した子は，「7人」と答えます。この答えのずれが，子どもの問いを誘発します。

T　一番人気のあるクッキーの人数を発表してください。
C　6人！
C　7人！
C　数え間違いでしょ？　6人だよ！
C　違うよ，7人だよ！
T　それぞれの表を確認しましょう。

ハート	さんかく	まる	しかく
6人	3人	4人	4人

C　ほら，ハートが一番人気で6人だよ。
C　<u>その表はありえない！</u>　一番人気はチョコ味だよ。

チョコ	クリーム	いちご
7人	6人	4人

T　同じように一番人気を整理したのに，どうして違いが

出たのかな？

C　ハートが6人で一番人気と考えた人は「形」で整理していて，チョコ味が7人で一番人気と考えた人は「味」で整理した。

C　「形」も「味」も含めて一番人気はどれだろう…？

C　形はハートが一番人気で，味はチョコだったから，チョコ味のハートクッキーが一番人気なのかな？

　「形」「味」の2つの観点で整理した結果から，一番人気は「チョコ味のハート」ではないかと予想します。そして，表よりもグラフの方がわかりやすいと考え，改めて整理します。

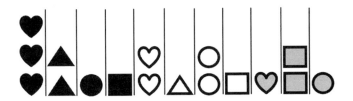

C　予想通りだ！　チョコ味のハートクッキーが一番だね。

C　チョコ味のさんかくとクリーム味のハート，クリーム味のまる，いちご味のしかくは同じだね。

C　「形」と「味」の2つで整理すると，1つで整理したときとは違うことがわかっておもしろいね！

その図は無理！ から，

「1つ分」のまとまりを見いだす

2年／かけ算(1)

1 授業づくりの工夫

　本時は，2の段を学習した後の，5の段を構成する授業です。2の段や5の段の構成は，他のかけ算九九と比較すると，子どもにとって理解しやすいでしょう。それは，1年生で「2とび」や「5とび」の数え方を学習しており，日常生活においても「2ずつ」や「5ずつ」で数えることを多く経験しているからです。

　子どもが既有の知識や経験としてもっている，かけ算の見方・考え方を引き出すことが大切です。

　本時では「一瞬見せて隠す」や「一部分だけ見せる」といった問題提示を行います。すると子どもは「1つ分の大きさ」や「いくつ分」に無意識に着目します。そこで教師が揺さぶったり問い返したりすることによって，子どもが無意識に働かせていた見方・考え方を顕在化，意識化させます。そうすることで，子どもの見方・考え方は洗練されていき，より豊かになっていきます。

2 速過ぎて無理！

ドーナツはぜんぶで何こあるでしょう。

　このように板書して，下の絵を一瞬だけ提示して隠します。

C　**速過ぎて無理だよ！**　もう1回見せて！

T　リクエストに答えます。みんな集中してよ！

C　わかった！　20個だ，20個！

T　超高速で数えたんだね。1，2，3…20って。

C　違うよ。1つずつ数えてないよ！

C　かけ算を使ったんだよ！

C　1箱に5個ずつ入っていて，それが4箱あるから
　　5×4でしょ。だから5＋5＋5＋5＝20。

T　なるほど。「1つ分の大きさ」と「いくつ分」に注目
　　して数えたんだね！

子どもが無意識に働かせていた「1つ分の大きさ」と「いくつ分」の見方・考え方を引き出し，価値づけます。

T　では，次はゆっくり見せるからね。全部の数がわかったら「わかった！」と言って，起立してください。

C　もうわかった！
C　全部見えていないのに，わかるわけないじゃん！

　このように，子どもの意見が「わかる」「わからない」に分かれ，「なぜ，全部見えていないのに，ドーナツの数がわかるのか」という問いが生まれます。

T　なぜ全部見えてないのにドーナツの数がわかるの？
C　1つの箱に入っているドーナツの数は5つでしょ。それが7箱あるから，5×7＝5＋5＋…5＝35で，35個だと思う。

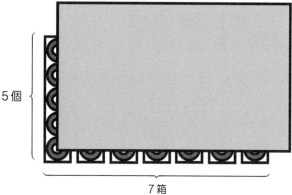

5個

7箱

C　見えている部分から，数を予想したんだね！

T　では，皆さんの予想通りか，全部見せます！

C　え〜たし算？　同じ数じゃないからかけ算無理だよ！

C　5＋5＋5＋5＋5＋4＋6＝35 答えは同じ！

C　待って，お引越したら5×7にできるかも！

C　本当だ！　6個のところから4個のところに1個ドー
　　ナツをお引越したら，5×7＝35にできる！

その図はありえない！ から，

式と図を関連づけて
理解する

2年／かけ算(1)

1 授業づくりの工夫

本時は，かけ算九九の4の段を構成する授業です。

次のように正方形の形に棒を並べ，4のまとまりに着目させます。子どもは「4×3＝12 （4＋4＋4）」と式で表現します。

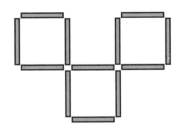

次に「4×4の式になるように棒を並べよう」と指示します。すると，子どもが表現する「4×4」にずれが生まれます。そのずれが子どもの問いを引き出し，自分や友だちが表現した棒の並べ方をじっくりと考察するきっかけとなります。そして考察し修正する活動を通して，4の段の構成の見方を豊かにしていきます。

2 四角が5つはありえない！

まず，正方形に並べられた棒を一瞬だけ提示し，隠します。

すると，「四角形だ」「4本だ」「今日は4の段かぁ」と子どもは様々につぶやきます。この子どものつぶやきを生かしながら，棒の数は4本であることを確認します。

次に，正方形が2つある棒を提示します。

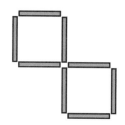

C 8本だ。

T どうして8本とわかったの？

C だって，四角が1つだと棒の数が4本でしょ。それが2個あるから，4×2＝8で8本だと思います。

T その見方でいうと，最初の棒の数え方はどういう式になるのかな？

C 4×1＝4

T　では，次です。棒の数は何本でしょうか？

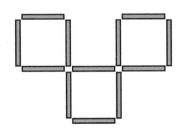

C　12本だ！　4×3だから，4＋4＋4で12。

C　だったら，次は4×4かな…。

T　どうして，次が4×4だと予想したの？

C　だって，4×1，4×2，4×3ときたから，次は…。

C　今日は4の段をつくるんだ！

　子どものめあてが明確になったところで，「4×4の式になる棒の並べ方を考えよう」と伝え，自力解決に入ります。子どもが考えた4×4になる棒の並べ方は，ア〜エの4つでした。

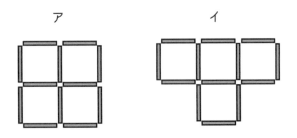

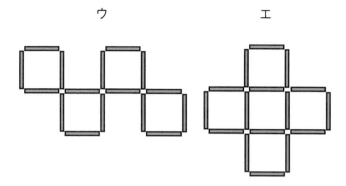

ウ　　　　　　　　　　エ

C　**エはありえないでしょ！**　四角が5つあるよ。

C　ア，イ，ウは四角が4つあるけど，エは四角が5つ見えるから，4×5で棒の数は20本になるよ。

T　どうやって4×5は20と答えを出したの？

C　5の段，2の段のときにも見つけたけど，かける数が1増えると，答え（かけられる数の分だけ）も増えるでしょ。そのきまりを使って考えました。

$$4 \times 3 = 12$$
1+↓　　↓+4

$$4 \times 4 = 16$$
1+↓　　↓+4

$$4 \times 5 = 20$$
1+↓　　↓+4

T　では，実際にエは20本あるのか確認しよう。

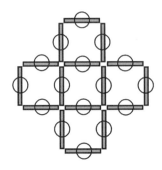

C あれっ？ 20本ないよ…。

C 16本だ。おかしい！

C 四角が5つあるから4×5＝20で20本のはずだよ！

C もし16本だったら，四角は4つのはずだよ。だって，
ウは16本だもん。

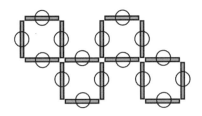

T 4×4の答えは20？ それとも16？ どっちだろう。

C 4×4は絶対に16！

T 四角が5つあるエと，四角が4つのウは棒の数が，ど
うして同じ16本になったのかな？

C エは四角が5つに見えるけど，本当は4つだよ。

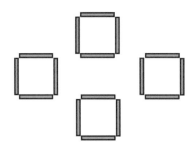

C　棒を離すと真ん中の四角がなくなって，４つになるね。

C　アとイも本当は四角が４つないかもしれない…

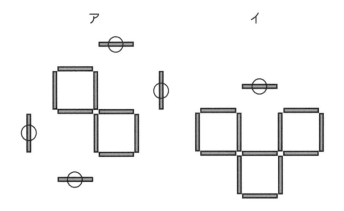

C　アは４×２＝８，８＋４＝12　12本！

C　イは４×３＝12，12＋１＝13　13本！

　この後，４×５以降も棒を使って構成していきます。子どもは４の段を「形」や「並べ方」で豊かに表現します。

その図はできない！ から，

箱をつくるための条件を見つけだす

2年／はこの形

1 授業づくりの工夫

このままの面の数と種類だけでは箱をつくることができない（ア）と（イ）を提示します。

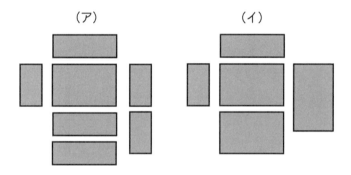

そして，子どもから「箱をつくることができない」という言葉を引き出します。そうすることで，子どもは自然と箱をつくるための構成要素（面の数と面の種類）に着目し，立体を考察します。子どもが考察したくなる場面を意図的につくり出すことが大切です。

2 これではできない！

T これから，皆さんに封筒を配ります。封筒には面が入っているので，組み立てて箱の形をつくりましょう。

　封筒の中には，以下の（ア）と（イ）2種類の面の組み合わせを入れました。隣同士が（ア）と（イ）の別々の封筒を受け取るように配付します。

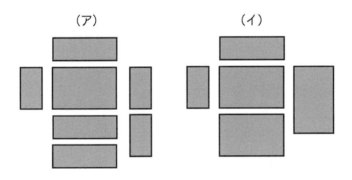

　封筒から面を取り出してしばらくすると，数名から「これではできるわけないよ！」という声が聞こえてきます。その声に対して「皆さんだったらできます。ファイト！」と返答すると「だから，できないの！」と怒りを爆発させるのは，（イ）の封筒をもらった子どもです。

T どうしてできないの？

C　だって，箱をつくるには６つの面が必要だけど，５つ
　　しかないから，そもそも足りないよ。

　まず，（イ）の子の「できない」を取り上げることで，
箱を構成する要素として６つの面が必要であることを子ど
もは理解します。
　すると，（ア）の封筒をもらった子が「面は６つ以上あ
るけど，うまく組み立てることができない」と悩みを打ち
明けます。

T　面の数は足りているのにどうしてできないの？
C　いらない面（黒）が２つあって，足りない面（白）も
　　１つあるから，うまく組み立てられない…。

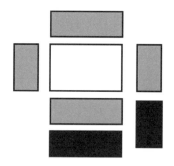

　（ア）の封筒に入っていた面（拡大したもの）を黒板に
貼り，「いらない２面」「足りない１面」について共有しま
す。
　そして，先ほど「面が足りないからできない」と説明が
あった（イ）の面も黒板に貼ります。

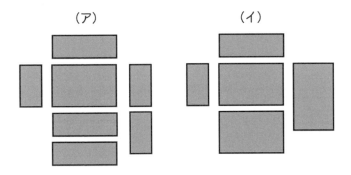

（ア）　　　　　　　（イ）

C　ちょっと待って！　もしかしたらできるかも…。

T　さっきは（ア）も（イ）もできないって説明していた
　　でしょ!?

C　（ア）の面を（イ）に移動したり，（ア）と（イ）にあ
　　る面を交換したりすると箱が２つ完成する。ペアの子
　　とやりたい！

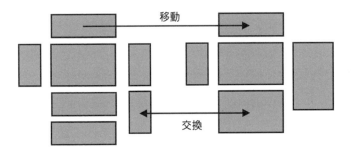

移動

交換

　箱をつくるためには６面が必要ということと，同じ形の
面の組み合わせが３組必要だということを子どもたちは楽
しく学ぶことができます。２種類の封筒をつくったしかけ
がここで生きてきます。

その表はありえない！ から，

「正」の字で整理する
よさを味わう

1 授業づくりの工夫

　「表とグラフ」の導入授業です。まず，「ある小学校の3年生が4月にけがをした場所を発表します」と子どもに伝え，教師がランダムに発表していきます。

　次に「3番目に多かった場所はどこでしょう」と尋ねます。すると，「1番目はなんとなくわかったけど，3番目は…」などと子どもは困惑します。ここではじめて記録（メモ）することの必要感が生まれます。

　そこで，子どもが記録する様子を観察しながら，教科書では「漢字一文字」で人数を記録する方法が提案されていることを伝えます。そして，次のように問います。

　「教科書では，『正』と『川』どちらで記録することが提案されているでしょうか？」

　このように問うことで，子どもは「正」の漢字で記録する「よさ」を考えます。よさを感じると，子どもは使うようになります。

2 「右」はありえない！

T　学校のどこでけがをすることが多いと思う？

C　運動場かな…。よくひざを擦りむいたりするもん！

C　体育館も多いかも。私も先月体育館で足首痛めたし…。

T　これから，ある小学校の３年生が４月にけがをした場所を発表します。運動場，トイレ，廊下，運動場，体育館，階段，教室，体育館…

　（ランダムに次々発表していく）

C　いろいろな場所でけがをしているね。

C　やっぱり，運動場は多い感じがする。

T　では，皆さんに質問します。けがが３番目に多かった場所はどこでしょう？

C　そんなの覚えていないよ！

C　１番目はなんとなく…

C　先生，もう１回発表してください。お願いします！

T　２回聞いても，覚えるのは大変だと思うよ？

C　大丈夫！　今度はちゃんとメモを取るから。

C　そうそう，記録して最後に数を求めればいいよね。

　子どもが「記録したい」と必要感をもつ場をつくることが大切です。そのためには「１番目」ではなく「３番目」や「４番目」を問うことが効果的です。

子どもは既習の経験や知識から，例えば，以下のように，記録の仕方を工夫します。

運動場	○○○○○○○○○○○○○○○○○○
トイレ	○
廊下	○○○
体育館	○○○○○○
階段	○○
教室	○○○○

　子どもたちの工夫をひと通り全体で共有した後，教科書では「漢字一文字」で人数を記録する方法が提案されていることを伝えます。

　そして，次のように問います。

T　教科書では，「正」と「川」どちらで記録することが提案されているでしょうか？

C　どっちでもいいでしょ。記録できれば…。

C　「川」だと画数が３画で３つずつ記録することになって，「正」だと画数が５画で５つずつだから…。

子どもの問いが大きくなったところで，実際に教科書を開かせ，「川」と「正」のどちらの漢字が使われているか確認します。

C　「正」の字を使って人数を調べているね。

C　「正」が１つで５とわかるし，それが２つだと10になるから，確かに数えやすい！

T　５画だと数えやすいなら，「右」という漢字一文字でもいいと思わない？　「右」も５画だよ。

C　<u>「右」はありえないよ</u>！　絶対に同じ５画なら「正」がいい！

C　「正」は画数と漢字をバラした場合の線が５つで同じだけど「右」の画数は５画でも，バラした場合は６つになる。それに，直線で表している方がわかりやすい。

　このように，「教科書にあるから『正』で調べさせる」ではなく，「正」で表すよさを子どもと共有することが大切です。最後は，再度「正」の字を使って，けがの場所調べを行います。実際に使ってみることで，子どもは「正」の字で整理し，表に表すよさを実感します。

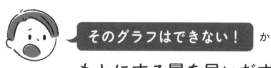

そのグラフはできない！ から，

もとにする量を見いだす

5年／割合のグラフ

1 授業づくりの工夫

「割合のグラフ」の単元末に行う授業です。

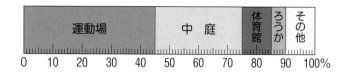

| 運動場 | 中　庭 | 体育館 | ろうか | その他 |

0　10　20　30　40　50　60　70　80　90　100%

　教科書などでは，上のような帯グラフを示し，1つの場所の人数を文章で提示したうえで，けがをした全体の人数を問い，その後，他の場所の人数を問うような流れが多いでしょう。

　一方本時は，運動場でけがをした人数を帯グラフの中に示したうえで，けがをした全体の人数は問わず，すぐに中庭の人数を問います。

　こうすることで，子どもは考えることがシンプルになるだけではなく，全体の人数について自分たちで考えざるを得ない状況になります。

2 この帯グラフではわからない！

T 次の帯グラフは，A小学校で1学期にけがをした人数の割合を場所別に調べたものです。

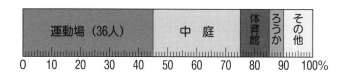

C やっぱり運動場が多いよ。45%だから全体の半分近くになるね！

C 中庭も多いね！　やっぱり外遊びがけがにつながっているのかな…。

T では，中庭でけがをした人は何人でしょう？

C **この帯グラフではわからないよ！**

C 全体の20%が中庭でけがをしたことはわかるけど…。

C あと，運動場は45%で36人で，中庭は20%だから，36人より少ないってことはわかる。

T 中庭にはまったく関係ない運動場の人数と帯グラフの情報だけでは，中庭でけがをした人数はわからなそうだね。

C せめて，けがをした全体の人数がわかれば…。

T 全体の人数がわかれば，中庭でけがをした人数がわかるの？

C　わかるよ！　けがした全体の人数が50人だったら，50
　　×0.2＝10になって中庭でけがをした人は10人。

T　なるほど，けがをした全体の人数がわかるといいんだ
　　ね。

　このように，「けがをした全体の人数がわかれば，中庭
でけがをした人数もわかる」という見通しを子どもがもち
始めたところで，教師が子どもの問いを焦点化，具体化し
ます。

T　今皆さんがわかっている情報を先生が整理するよ。

　　ア　運動場では全体の45％，36人がけがをした。
　　イ　中庭では全体の20％がけがをした。
　　ウ　全体の人数がわかれば，中庭の人数が求められる。

T　このア〜ウの情報から，けがをした全体の人数はわか
　　らない？

C　わかった！　この情報だけでも，けがをした全体の人
　　数を求めることができるよ！

T　わかった人に尋ねます。ア，イ，ウの３つの中で，ど
　　の情報からわかったの？

C　アの情報！　だって，アは「割合」と「比べる量」が
　　わかっているから「もとにする量」（全体の人数）も
　　わかるでしょ。

「割合」(45%)と「比べる量」(36人)の関係から,「もとにする量」(全体の人数)に気づいた子の説明だけでは理解できない子も多くいます。

　そこで,この関係性を可視化し,全員が理解できるようにするために数直線に表します。

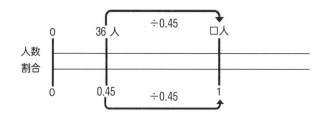

C　そうか,数直線に表すと式も見えた!

C　式は36÷0.45＝80 。だから全体の人数は80人になるんだ!

C　ということは,全体の人数がわかったから,中庭の人数がわかるね!

C　式は80×0.2＝16になるから,中庭でけがをした人数は16人だ!

C　だったら,体育館やろうかの人数も,同じように考えれば求めることができるね!

　本時では,帯グラフの資料の一部に「比べる量」(36人)を入れるしかけを行うことで,子どもが数学的な見方・考え方を働かせて,主体的に資料(帯グラフ)を考察する姿

が見られました。

　また，既習の割合や比べる量，もとにする量の関係を再確認することができました。

できない！

第3章
その式は，
「できない！」「無理！」「ありえない！」

無理！

ありえない！

その式はありえない！ から，

論理的に考える

3年／たし算とひき算の筆算

1 授業づくりの工夫

「たし算・ひき算の筆算」の単元末の授業です。虫食い算の仕方を子どもに説明し，下の虫食い算を提示します。

$$
\begin{array}{r}
\boxed{ア}\,5\,\boxed{イ} \\
+\ 3\,\boxed{ウ}\,8 \\
\hline
1\,2\,\boxed{エ}\,0
\end{array}
$$

子どもの中には□がたくさんあるので困惑する子がいます。そこで「どこの□だったらわかるかな？」と問います。すると，まず多くの子が□イと答えます。次に「□アがわかる」という子と「□アは答えがいくつかある」という意見に分かれます。このずれが本時最大の問いとなり，この問いを解決する中で，子どもは多様な見方・考え方を働かせます。

2 8はありえない！

T 今日は虫食い算をします。これから虫に食べられて□
になっている，たし算の筆算を見せます。□にどんな
数が入るか考えて，筆算を完成させましょう。

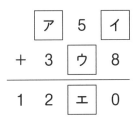

　虫食い算提示後，自力解決に入ります。多くの子どもが
イには２，アには９が入ると確信していますが，それ以外
のところは不安そうにしています。

C □がたくさんあるから，難しいなぁ…。
T どの□だったら求められそうですか？
C イは２だと思います。２＋８＝10で繰り上がりになり
　 ます。
T 他には，どの□だったら求められるかな？
C アは９だと思います。だって，９＋３＝12（900＋300
　 ＝1200）になるから，アは９！
C アは９だけとは限らないよ！

C　8もあると思います。

C　<u>8はありえないでしょ！</u>　8＋3＝11（800＋300＝1100）だから，12（1200）にはならないよ！

C　ウに5が入ったら，十の位は1繰り上がりになるから1＋8＋3＝12になるよ！

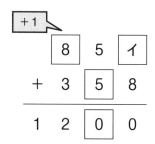

C　だったら，ウが5以上（5，6，7，8，9）であればどの数でも繰り上がりになるから，エは0以上（0，1，2，3，4）になる。だから，アは8でいいね。

　一方，アに9が入る場合は，十の位からの繰り上がりがないということになります。すなわち，ウに4以下の数（4，3，2，1，0）が入るということを全体で確認します。

　すると，数名がつぶやきます。

C　アに9が入る場合は，ウに4が入ることはありえないでしょ！

104

C　どうして？　さっき確認したでしょ。4以下だったら
　　繰り上がりにならないって。

C　だから，⑦に4が入る場合は繰り上がりがあるの！
　　だって，1の位は2＋8＝10で必ず十の位に1（10）
　　繰り上がるじゃん。そうなると，答えが1300になって
　　しまう！

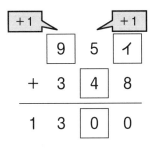

　このように，虫食い算は，□に入る数を考えることを通
して，多様な答えを導き出しながら子どもたちの論理的思
考力を高めることができます。

その式は無理！ から，

わり算の性質を活用する
よさを見いだす

4年／2けたでわるわり算の筆算

1 授業づくりの工夫

　本時は，6500÷250の計算の工夫を考える活動を通して，わり算の性質を活用するよさを味わうことをねらいとした授業です。そのために，子どもが「わり算の性質を活用せざるをえない場面」を意図的につくることが，本時の最大のしかけです。

　本時では，筆算が使えない場面をつくります。つまり，子どもが計算するための道具を制限するのです。

　そうすることで，子どもは「筆算が使えなかったら無理だよ」というあきらめモードから，「筆算が使えないのなら，どうにか工夫できないか」という思考に変わっていきます。

　その中で，既習のわり算の性質を活用しながら，6500÷250の計算に働きかけていきます。

2 筆算なしでは無理！

「次の2つの計算をしましょう」と子どもに伝え，ア，イ2つのわり算を提示します。

> ア　2800÷700　　　　イ　6500÷250

C　筆算でやれば簡単に計算できるね。

T　残念です。今日の算数授業は筆算が使えません。

C　えぇ〜！　筆算なしでこんな大きい数の計算をやるのは無理だよ！

T　では，皆さんに聞きます。アとイでは，どの計算だったらできそう？

C　どっちも無理でしょ…。

C　待って！　アだったらできるかも…。変身すれば。

T　「変身」って，どういうこと？

C　わり算のきまりがあるでしょ。「わる数とわられる数に同じ数をかけたり，わったりしても商は変わらない」っていう。

C　あぁ，そうか。昨日習ったあれか！

　わり算のきまりを適用することを想起し，課題解決の見通しが立ったところで，自力解決の時間を取ります。

T　アはどのように計算しましたか？

C　2800÷700を280÷70に変身して，答えは4です。

C　もっと簡単にできるよ！　28÷7です。

T　同じようにわり算の決まりを使ったのに，どうして2人の式が違うのかな？

```
┌─────────────────────┐   ┌─────────────────────┐
│ A　2800÷700         │   │ B　2800÷700         │
│     ↓÷10   ↓÷10     │   │     ↓÷100   ↓÷100   │
│    280 ÷ 70＝4      │   │    28 ÷ 7 ＝4       │
└─────────────────────┘   └─────────────────────┘
```

C　わり算のきまりを使ったのは同じだけど，÷10か÷100かの違いがある。

C　でも，Aさんの280÷70をさらに÷10ずつしたら，Bさんと同じ28÷7の式に変身できるね。

　わり算の性質を活用すれば2800÷700を簡単に計算できると気づいたものの，子どもたちの表情は明るくありません。

T　では，次はイの6500÷250を簡単に計算しましょう。

C　イはやっぱり筆算が必要だよ！

T　どうしてイは筆算が必要なの？　わり算のきまりを使

```
┌──────────────────────────┐
│ A　6500÷250              │
│     ↓÷10     ↓÷10        │
│    650 ÷ 25              │
└──────────────────────────┘
```

えばいいじゃん！

C　わり算のきまりを使っても650÷25が限界…。筆算を使うしかないよ！

T　÷100は難しいから÷１？　意味ないかぁ。÷２？意味ないかぁ。÷３…。

```
A　650÷25
    ↓÷5　↓÷5
    130÷5
```

C　わかった！　÷５はいけるでしょ。

C　もっと簡単にできるかな？

T　最初みたいに÷10だったら簡単に計算できるのに…。

C　わかった！　÷10にできる！　今度はわり算のきまり

```
A　130÷5
    ↓×2　↓×2
    260÷10
```

のかける方を使えばいい。答えは26だ！

　このように「筆算は使えません」と条件を制限することで，逆に子どもは既習のわり算の性質（きまり）を活用し，計算を工夫しようと数学的な見方・考え方を働かせます。

　さらに，他者の多様な計算の工夫を学ぶことで，子どもは他者と学ぶ意義を感じることができます。

その式はできない！ から，

問題の意味を捉え，
容積を理解する

5年／体積

1 授業づくりの工夫

　容積を求める問題では，「内のり」（入れものの内側を測った長さ）を見いだすことが大切です。

　その際，式に表すことで，一人ひとりがどのように内のりを見いだしているかが顕在化されます。

A　22×52×31

B　21×51×30

C　20×50×29

　全体で式を解釈・吟味する際，意図的に誤答だけを取り上げます。そうすることで「内のりをまったく考えずに容積を求めた誤答」と「内のりを考えて容積を求めた誤答」の違いに気づくことができます。

　さらに，この違いを吟味することで，容積を求める際の見方が洗練されます。

2 Aの式では求められない！

> 直方体の形をした水そうがあります。
> ガラスの厚さは1cmです。
> この水そうに入る水の体積を求めましょう。

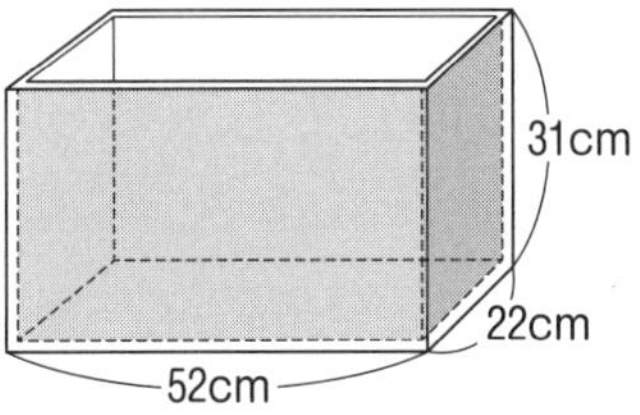

上の問題を提示し，しばらく自力解決の時間を取ります。

その間に子どもたちの様子を見て回ると，おおよそ以下の3つの考え方があります。

A　22×52×31

B　21×51×30

C　20×50×29

そこで，自力解決の時間を終えたところで，次のように投げかけます。

T　みんなのノートを見て回ったら，次の3つの式がありました。

A 　22×52×31
B 　21×51×30
C 　20×50×29

どの式が正解なのかな？

C　えっ，Aの式では求められないでしょ！　ガラスの厚
　　さのことは考えずに体積を求めているよ。

3　Bの式でもCの式でも求められない！

　まず，子どもはAの式では求められないことを，ガラス
の厚さに着目して説明します。この説明によって，この問
題は，体積ではなく容積を求める問題であるということが
全体に共有されます。

　次に，子どもの問いは「BとCでは，どちらの式が正し
いのか」に焦点化されます。

T　BとCはどちらの式が正しいのかな？

C　Bでは求められないよ！

C　えっ，Cでは求められないよ！

C　<u>Bの式でもCの式でも求められない！</u>　Dがあるよ。

　このように，意見が3つに分かれます。

B　21×51×30　　　　C　20×50×29

　BとCは，いずれの考えもガラスの厚さ分の長さをひいて考えようとしているのですが，ガラスの厚さ1cmをひくのか，ガラスの厚さ2cmをひくのかによって，求め方にずれが起きているのです。

　そこに，「BでもCでも求められない。Dがある」という意見が出されたことで，子どもたちの間にさらなる問いが生まれます。

D　20×50×30

「なぜ縦と横の長さは2cmずつひくのに，高さだけは1cmでよいのか」

　この問いの解決が本時のクライマックスであり，子どもがいきいきと輝く場面となります。

C　下の厚さは考える必要があるけど，水槽はふたがないから，上の厚さは考える必要はなくて，高さは1cmだけひけばいい！

C　その考えを式でも表すといいかも。

C　（22－2）×（52－2）×（31－1）＝30000

C　厚さの部分を式で表すことで，容積の求め方がさらにわかりやすくなったね。

その式はありえない！ から，

円の面積と角の大きさを
関連づける

6年／円の面積と図形の角（トピック）

1 授業づくりの工夫

　6年生の学年末に発展的な内容として行う授業です。円の面積の学習後であれば，いつでも行うことができます。本教材は数社の教科書巻末に掲載されており，三角形から導入したり，四角形から導入したりしています。本時では意図的に「正方形」と「四角形」を同時に提示し「色のついた部分の面積を求めましょう」と問題を提示します。

　「正方形は面積を求めることができるけど，四角形は難しい」と考える子と，「正方形も四角形も面積は同じだよ」と考える子の2つに分かれます。このずれを取り上げ2つの図形の共通点に着目することで深い学びになります。

2 同じ式はありえない！

　黒板に正方形と四角形をかきます。次に，正方形と四角形の４つの頂点をそれぞれ中心にして，コンパスを使って半径10cmのおうぎ形を４つずつかき，色を塗ります。

T　正方形と四角形，それぞれ色のついた部分の面積は何cm²でしょうか？
C　正方形は求めることができそうだけど，四角形は難しいな…。

　しばらく自力解決の時間を取ります。両方の面積を求められた子，正方形だけ求められた子，両方求められなかった子，と子どもの様相は３つに分かれます。
　そこで，正方形だけを求められた子どもを意図的に指名します。

T　色のついた部分の面積を求めることに困っている人がいます。正方形と四角形のどっちで困っていると思

う？

C　四角形だと思う。

T　同じ四角形の仲間なのに，どうして正方形の面積は求
　　めることができて，四角形の面積は難しいのかな？

C　だって，正方形の色のついた部分は円になるから，円
　　の面積の公式を使えば求められるけど，四角形は円に
　　ならないから…。

T　どうして，円の話が出てくるの？　色のついた部分は
　　どう見ても円ではないでしょ？

C　正方形は4つの角度が90°でしょ。色のついた部分を
　　4つ集めると，90×4＝360で円になる。だから面積
　　は，10×10×3.14＝314で314cm^{2}になる。

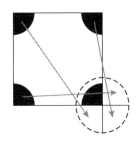

C　なるほど，「1つの円」と見たから，円の面積を求め
　　る公式が使えたのかぁ。

C　だから，正方形の色のついた部分は円になるけど，四
　　角形の色のついた部分は円にならないのか…。

C　違うよ！　四角形も円になるよ。だから，2つの図形
　　の色のついた部分の面積は同じで，式も同じになる
　　よ！

C　2つの図形の色のついた部分の面積が同じで、しかも
　　同じ式はありえないでしょ！

T　どうしてありえないの？

C　だって、正方形は4つの角度が90°とわかっているか
　　ら90×4＝360で「1つの円」になるとわかるけど、
　　四角形の4つの角度はバラバラでわからないから360°
　　になるとは言えないじゃん！

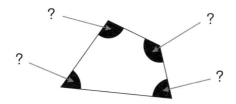

C　四角形の4つの色のついた部分を集めると、絶対に円
　　になると言えるよ！　だって、四角形の角度の和は必
　　ず360°でしょ。だから、四角形だったら全部円になる
　　と思う。

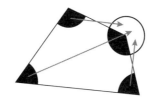

T　なるほど、納得しました。つまりは、こういうことで
　　すね。

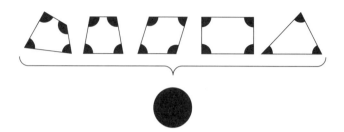

C　そうそう，台形も平行四辺形も長方形も…。

C　うん⁉　ちょっと待って。このまとめ，おかしい！

C　確かに四角形は角度の和が360°だから円になるのはわかるけど，三角形は違うでしょ！

C　本当だ！　三角形が入ってる。三角形は違うでしょ！

T　では，三角形の色のついた部分を合わせた面積は何cm^{2}だろう？

　　次の問いが生まれたところで自力解決の時間を取ります。

C　三角形の色のついた部分の面積の和は314÷2＝157で157cm^{2}です。

T　314÷2の式の意味は何かな？

C　これは，四角形の色のついた部分の面積のことで…。

T　さっきは三角形と四角形は違うと話していたでしょ。

どうしてまた四角形の話をするの？　関係ないでしょ？

C　関係あるよ！　四角形の角度の和は360°で三角形の角度の和は180°だから，角度の和が半分ということがわかるでしょ。

C　つまり，三角形の色のついた部分の面積の和は四角形の半分ということがわかる。だから，四角形の色のついた部分の面積の和の半分ということ！

このように，子どもが「図形の角の大きさの和」と「円の面積」を関連づけて考えるようになると，さらに子どもの問いは発展します。

五角形の場合，色のついた部分の面積の和は何 cm^2
だろう？

ここで教師が意図的に「表」に整理します。

三角形の 色のついた部分	四角形の 色のついた部分	五角形の 色のついた部分
157cm^2	314cm^2	？cm^2

すると「？は471cm^{2}だ！」と関数的な考え方を働かせて五角形の色のついた部分の面積の和を求める子が現れ，さらに子どもの学びは広がり，深まります。

三角形の 色のついた部分	四角形の 色のついた部分	五角形の 色のついた部分
157cm^2	314cm^2	? cm^2
180°	360°	540°

C　三角形の角の大きさの和は180°で，その２倍が四角形
　　で，その３倍が五角形の角の大きさの和になるでしょ？　それと同じように，色のついた部分の面積も，
　　×２，×３になるから，157×３＝471で，五角形の色
　　のついた部分の面積は471cm^{2}になる！

できない！

第4章
その図形は，
「できない！」「ありえない！」

無理！

ありえない！

その図形はありえない！ から,

円と三角形の関係性を見いだす

3年／三角形

1 授業づくりの工夫

　二等辺三角形と正三角形を学習した後の授業です。学級を2チームに分け，チームからそれぞれ2人を選びます。2人には円周上に磁石を置いてもらいます。「置いた2つの磁石と中心を結んだ直線，磁石同士を結んだ直線で二等辺三角形をつくったら1ポイント」というルールです。

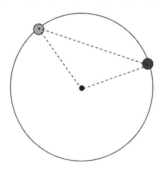

　子どもは活動の中で「どんな磁石の置き方をしても絶対に二等辺三角形になる」や「正三角形になるときもあるかも」と様々な問いを発しながら円と三角形の関係を考え，図形の見方を豊かにしていきます。

2 二等辺三角形しかありえない！

子どもに活動のルールを説明した後，早速はじめます。

T　では，早速やってみましょう！

T　○○さん，△△さん，どうぞ磁石を置いてください。

C　どこに置いたらいいかな…。

C　もっと，右がいいよ！

C　いや，左がいいよ！

C　ここだ！

T　2人が置いた磁石を直線で結んでみますね。

T　さて，これは二等辺三角形でしょうか？

C　なんとなく，そうかなぁ…。

T　どうやって確かめますか？

C　辺の長さを定規で測ればいいと思う。

C　それもいいけど，コンパスは長さをうつすことができるから，コンパスを使った方が簡単だと思う。

C　確かに，コンパスはいいかも！

C　中心から円のまわりにある磁石まで，同じ長さだから
　　二等辺三角形だね。

T　ということは，Aチームは1ポイントゲットです！

　活動を数回続けるうちに，賑やかになってきます。

C　両チームともずっとポイントゲットしているね。

C　もしかして，どこに磁石を置いても二等辺三角形にな
　　るのかな？

C　絶対にそうだよ！　**二等辺三角形しかありえない！**

T　たまたまでしょ。こんな偶然があるなんて，人生何が
　　あるかわからないね。

C　これは偶然じゃないよ！　絶対にそうなる運命なの！

T　どうして円のまわりに磁石を置くと絶対に二等辺三
　　角形になるの？

C　だって，円の中心から円のまわりまでの直線を半径っ
　　ていうでしょ。半径の長さはどこも同じだから，どん
　　なところに磁石を置いても，三角形の2つの辺の長さ

は同じになるってことだよ！

C　なるほど。だから絶対に二等辺三角形になるんだ…。

T　円のまわりに磁石を置いたら，二等辺三角形に「し
　　か」ならないってことだね。

C　正三角形になるときもあると思う…。だって，磁石と
　　磁石の長さが半径と同じになったら，3つの辺の長さ
　　が同じだから正三角形だよ！

C　だったら，正三角形にはなかなかできないから5ポイ
　　ントにしようよ！

C　おもしろそう！　やってみよう！

　　子どもたちの問いは「正三角形をつくりたい」に発展し，
さらに授業は盛り上がります。

その図形はありえない！ から，

多様な視点で
角度を見いだす

4年／角とその大きさ

1 授業づくりの工夫

　本時は，子どもと2種類の三角定規の角度を確認しなが
ら，次のように板書します。

30°　45°　60°　　　　　　90°

　そして，60°と90°の間を少し大きく空けて板書します。
こうすることで子どもは違和感をもち，「空白を埋めたい」
と動き出します。

　すると，子どもは関数的な見方・考え方を働かせて60°
と90°の間に入る角度を「75°」と予想します。

　さらに75°をつくることができると，

　「90°の次は105°をつくることができるかも…」

　「30°よりも小さな角度だったら15°もあるのかな？」

と新たな問いを次々と発していきます。

2 75°はありえない！

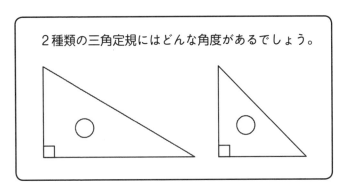

2種類の三角定規にはどんな角度があるでしょう。

　子どもたちと2種類の三角定規の角度を確認しながら，意図的に60°と90°の間を空けて板書します。

30°　45°　60°　　　　　90°

C　どうして60°と90°の間が空いているのかな？

C　間には75°が入るのかな？

T　どうして75°が入ると思ったの？

C　30から45，45から60って15°ずつ増えているから。

C　でも，<u>75°はありえないでしょ！</u>　だって，三角定規にはそんな角度ないよ。

C　でも，もし2つの三角定規を合わせて使っていいんだったら…。

30＋45＝75

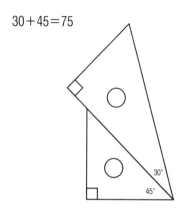

2種類の三角定規の角度を合わせて「新たな角度」がつくれることを知った子どもたちは，一気に動き出します。

C　だったら，120°もできるよ！　90＋30＝120です。

C　135°もできる！　90＋45＝135だ。

C　90＋60＝150！　150°もできる！

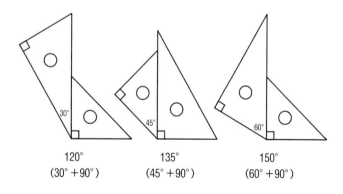

120°
（30°＋90°）

135°
（45°＋90°）

150°
（60°＋90°）

しばらく２種類の三角定規を合わせて角度をつくること
を楽しんでいると，ある子が「15°と165°はできない」と
つぶやきました。そのつぶやきを取り上げ，全体で考えま
す。

Ｔ　「15°と165°の角度はつくれない」という意見があります
　　す。
Ｃ　つくれない！　無理！　だって，２つの角度を合わせ
　　て15°と165°になる組み合わせはないよ。
Ｃ　そもそも，15°は30°よりも小さい角度だから無理でし
　　ょ。

　ここで子どもの視点を角度の加法から減法に変換させる
ために，教師は次のように投げかけます。

Ｔ　15°の角度はどうやってつくればいいかわからない。
　　でも，計算上は45−30＝15で15°はつくれるね。

　この言葉によって，子どもは２種類の三角定規を操作し
ながら試行錯誤を始めます。しばらくすると「15°がつく
れた！」と興奮気味に発言する子どもが現れます。
　15°がつくれた子は学級に数名しかいませんでした。そ
こで，15°がつくれた喜びを友だちにも味わってもらうた
めに，見つけた子にヒントを考えてほしいとお願いします。

C　2つの三角定規を重ねるといいよ。

C　重ねる？　どことどこを重ねたらいいのかな…？

C　式で表すと45−30だから45°と30°を重ねると…。

C　わかった！　15°の角度が見えた！

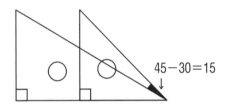

　減法で角度がつくり出せることがわかった子どもたちは165°もつくり出そうと必死になります。すると，ある子が「三角定規が3つあればつくれると思う」とつぶやきました。

　その考えを取り上げ，全体で共有します。

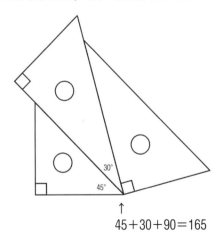

130

C 三角定規を３つ使えば165°がつくれたけど，２つでは無理なのかな…？

C 式で考えると，180－15＝165になるけど…。

C 180はどこだろう？　15°はさっきの15°を使えばいいのかな。

C わかった！　180°は一直線のことだ！

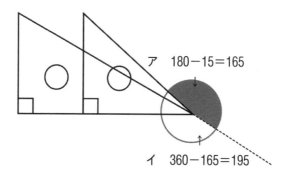

ア　180－15＝165

イ　360－165＝195

165°は15°の補角（角の和が２直角になるときの互いの角）であることが見えると，15°から360°まで全部15°区切りになっていることにも気づきます。

そうなると，子どもは「だったら，360－165＝195で195°もつくれる（上図のイ）」と，さらに追究することを楽しんでいきます。

その図形はありえない！ から，

式と図形の関係性を
問い直す

4年／変わり方

1 授業づくりの工夫

まわりの長さが18cmの長方形をノートにかいた後，次のように投げかけます。

「どんな長方形をかいたか，言葉で教えてください」

教師は発表された縦と横の長さをカードに記入した後，黒板にバラバラに貼ります。

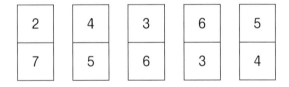

そうすることで，子どもは「順序よく並べたい」という気持ちになります。そして，順序よく並べることによって，対応や変化の決まりに気づき，そこから他の長方形を見つけていきます。

2 その長方形はありえない！

> まわりの長さが18cm の長方形をかきましょう。

上の問題を提示すると，子どもの問題の解釈にずれが見られます。そのずれを生かしながら，本時の問題の本質に迫ります。

ア　縦2cm，横9cm の長方形をかいた子
　　→面積が18cm^{2}と考えている

イ　縦8cm，横10cm の長方形をかいた子
　　→もう一方の縦と横の長さは考えていない

ウ　縦3cm，横6cm の長方形を1つかいた子
　　→正しく問題の意味を理解している

エ　まわりの長さ18cm の長方形を複数かいた子
　　→正しく問題の意味を理解している

そこで，意図的にア〜ウの子を指名し，黒板に自分がかいた長方形をかいてもらいました。

C　**アとイの長方形はありえないでしょ！**
　　アだと，（２＋９）×２で，まわりの長さは22cmに
　　なるよ。

T　アの子がこのように書いた気持ちはわかるかな？

C　面積が18cm^{2}の長方形と考えたのかもね。２×９＝18
　　だから。

C　イの子は，一方の縦と横の長さの和が18cmと考えて，
　　もう一方の縦と横の長さのことは忘れてる。これだと
　　まわりの長さは18×２＝36で36cmになるよ。

　このように「なぜありえないのか」を議論することで問
題の意味を深く理解することができます。

　また「ありえない」に至った考え方を解釈することで
「ありえる」ためにはどうするかという視点になり，誤答
を生かした学びとなります。

３　この長方形はありえるけど…

T　アとイがありえなかったので，ウが正解だね。

C　**ウはありえるけど…**，でも，ウだけではない！

C　他にもまわりの長さが18cmの長方形がある。

　ここで再度，まわりの長さが18cmの長方形をノートに
かくことを指示します。そして，しばらく自力解決の時間
を取った後，次のように投げかけます。

「どんな長方形をかいたか，言葉で教えてください」

「言葉で」と限定することで，長方形の構成要素である縦と横の長さに着目し，子どもは自分がノートにかいた長方形を発表しました。教師は発表された縦と横の長さをカードに記入し，黒板に貼ります。

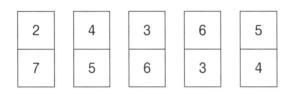

T　まわりの長さが18cm の長方形は５種類ですね。

C　まだあるよ！　縦が７cm で…。

T　ストップ！　だれか横の長さが予想できますか？

C　横の長さは２cm だと思います。

T　お友だちのノートを見たわけではないのに，どうして横の長さが２cm と予想できたの？

C　縦の長さと横の長さを合わせると９cm になるでしょ？　だから，７＋□＝９で，□の横の長さは２cm です。

C　どうして縦と横の長さを合わせると９cm なの？

C　長方形のまわりの長さは18cm，縦と横の組み合わせが２組あるから18÷２＝９。だから，縦と横の長さを合わせたら，必ず９cm になる。

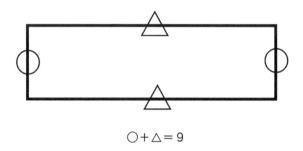

$$\bigcirc + \triangle = 9$$

言葉だけの説明では伝わらない子どももいたので，長方形の図（縦２cm，横７cm）をかきます。そして，縦の長さは○，横の長さは△の記号に置き換え，記号式で表現します。

4 縦が９cmはありえない！

黒板に貼られたカードを見ながら，ある子が「カードを順序よく並べたらいいと思う」と発言します。その発言を全体で共有し，カードを並べ替えると「はしっこに，あと１つずつカードが見える！」と大興奮します。

T　はしっこに，どんなカードが入るの？

C　縦８cmと横１cmか，縦１cmと横８cm！

T　カードを順序よく並べたら，どうしてわかったのかな？

C　縦が１cmずつ増えると，横は１cmずつ減っている

きまりが見えたからだよ。

1	2	3	4	5	6	7	8
8	7	6	5	4	3	2	1

上段：→ +1 → +1 → +1 → +1 → +1 → +1 → +1
下段：→ −1 → −1 → −1 → −1 → −1 → −1 → −1

すると，子どもは見つけたきまりを適用し，次のように発言します。

C　縦の長さが１cm ずつ増えているから次は９cm だ！

C　**縦が９cm はありえないよ！**　縦が９cm だったら，横は０cm だよ。

C　そうなると長方形にならないし，ただの直線だ。

表をつくり出し，きまりを見つけ，それが適用できる場面とできない場面を判断することで，本時の学びはさらに深いものとなります。

その図形はありえない！ から，

点対称な図形の性質を
見いだす

6年／対称な図形

1 授業づくりの工夫

　本時は，点対称な図形の導入授業です。「180°回すと元の図形にぴったり重なる図形がある」ことを子どもが発見することが大切です。

　次の2つの図形を提示し，目を閉じるように子どもに指示します。

　子どもが目を閉じている間，教師は2つの図形を180°回転させた後，目を開けるように指示します。すると「Bは180°回転している」「Aは何も変わらない」と多くの子がBの図形の変化に気づきます。一方「もしかしたら，Aも回転したかも…」とつぶやく子が現れます。このつぶやきによって「AもBと同じように180°回転したのか」という問いが生まれ，授業が大きく動き出します。

2 Aはありえない！

下の2つの図形を提示し，しばらく子どもが考察する時間を取ります。

T 全員，ゆっくり呼吸をしながら目を閉じてください。
C 目を閉じるの…？
T （数秒後）では，目を開けてください。

C Bが反対になってる！
C 本当だ！ Bは反対になってる。
T 「反対」ということは，Bは裏返しになっているの？
C そういう意味ではなくて，クルッと半回転してるの！
T 半回転ということは，何度かな？
C 180°！ Bは180°回転してる。
T B「は」ってことは，Aはどうなの？
C Aは変わらないよ！
C もしかしたら，Aも180°回転したかも…

C **Aはありえないでしょ！** 180°回転してないよ。

C ちょっと待って。よく見ると，Aも180°回転している
かも…

C 実際に動かして確かめたい！

　「実際に操作して確かめたい」と子どもの問いが高まっ
たところで，実際にAの図形を①から③のように操作して
確かめます。

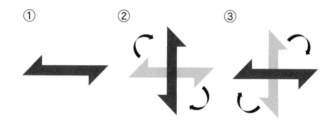

① ② ③

C 本当だ！　Aも180°回転してる！

T AもBと同じように180°回転した可能性があることが
わかりました。でも，どうして皆さんは最初Aは変わ
っていないと思い，Bだけ180°回転したと思ったのか
な？

C Bは180°回転したら元の形と変わっていたけど，Aは
180°回転しても，元の形と同じだったから，変わって
いないと考えた。

T つまり，AとBの違いは何かな？

C Aは180°回転すると同じ形になるけど，Bは180°回転

しても同じ形にならない。

　AとBの図形を比べ，本時で最も大切な言葉を子どもから引き出したところで，点対称な図形の定義を教えます。

> 　1つの点を中心にして180°回転すると，元の図形にきちんと重なり合う図形を点対称な図形という。

　最後にアルファベットを提示し，点対称○×ゲームを行います。ここでのポイントは，アルファベットを提示する順番です。①線対称な図形→②点対称な図形→③どちらでもない図形→④線対称でも点対称でもある図形，という順に提示し，ベン図にまとめます。線対称でも点対称でもある図形が出ると，「線点対称だ！」と子どもは興奮します。既習内容を振り返りながら，対称な図形に対する見方が広がり，深まる活動となります。

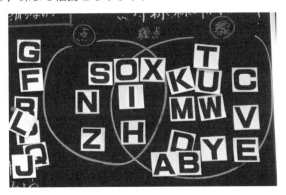

その図形はできない！ から，

既習の図形を見いだし円の面積を求める

1 授業づくりの工夫

円の面積の公式を学習した後の授業です。教科書では「次の図形の色を塗った部分の面積を求めましょう」とラグビーボール型の図形が提示されます。既習の面積の求め方を活用して，ラグビーボー

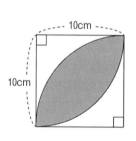

ル型の面積も求める子どもの姿を引き出したいと教師は願いますが，容易ではありません。そこで，子どもに活用してほしい図形を最初から教師が提示し，その図形を足場として，ラグビーボール型の面積を求める展開とします。

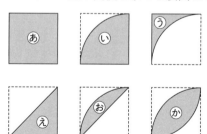

142

2 ㋕の面積は求められない！

「次の図形の色を塗った部分の面積を求めましょう」と
問題文を書き，6つの図を提示します。

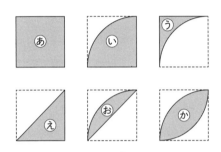

C ㋕の面積は求められないよ！

C ㋔も無理でしょ！

C ㋕と㋔はラスボスだよ！

T 6つの図形の中で㋕と㋔は「できない！」「無理！」
　って声が聞こえたけど，どうしてできないの？

C だって，三日月みたいな形やラグビーボールみたいな
　形の面積は求めたことがないから…。

T では，みんなが面積を求めるのが難しいと思うランキ
　ングを聞いていい？

C 1位は㋕と㋔のどっちだろう？

C ㋔が1位じゃない？　だって，㋔の2倍が㋕だから，
　㋔を求めることができたら，㋕はいける！

C 確かにそうだね。

このように，６つの図形に面積を求めることが難しいランキングをつけてもらいます。そうすることで，子どもは面積を求めることがなぜ難しいのか，なぜ簡単なのかを意識し，既習の図形の面積の求め方を振り返ります。

　子どもは以下のように難しいと思うランキングをつけました。

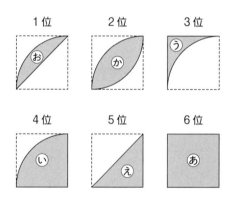

　さらに，子どもは順位をつけたことで「図形間の関係」にも着目するようになります。

C　ⓐを求めれば，ⓔはその半分だから…。

C　ⓘを求めれば，ⓤも求めることができて…。

C　ⓤを求めれば，その２つ分をひけばⓚは求めることができて…。

T　ⓐとⓔは面積を求めることができるでしょ。ⓞ，ⓚ，ⓤ，ⓘという，面積を求めることが難しい４つの図形の中で，どの図形の面積を求めることができれば，全

部の面積を求めることができると考えているのかな？

C ⓘだよ！ ⓘの面積を求めることができたら，後はドミノ倒しのように，全部求めることができる！

T では，ⓘの図形の面積の求め方を考えてみよう。

　ここで，子どもの問い（めあて）が明確になり，ラグビーボール型の面積を求めるための見通しをもつことができます。そこで，自力解決の時間を取ります。

T ⓘの図形の面積をどのように求めましたか？

C 10×10×3.14÷4＝78.5で，面積は78.5cm²です。

T 10×10×3.14の式は何を求めているの？

C 半径が10cmの円の面積！

T ⓘの図形と円は全然形が違うよ。円はまったく関係ないでしょ!?

C 関係あるよ！ だってⓘの形は円の$\frac{1}{4}$でしょ。

C ⓘは円の$\frac{1}{4}$ってどうしてわかるの？

C だって，ⓐは正方形でしょ。ということは，4つの角度はすべて90°で等しいから，ⓘの中心角も90°とわかるでしょ。それが4つ集まると中心角が360°になるから，円の$\frac{1}{4}$ということがわかるよ。

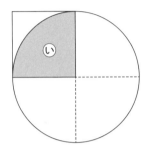

T ⓘの面積が78.5cm²ということはわかりました。ⓘがわかれば，本当にⓞとⓚの面積を求めることはできるのかな？

C できます。ⓘの面積からⓔをひくとⓞになるでしょ？ⓞの2つ分がⓚだから，どちらも求めることができます。

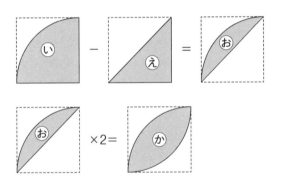

C 他の求め方もあるよ！

C ⓐの正方形からⓘをひくとⓤになるでしょ。ⓐからⓤの2つ分をひくとⓚになるよ。

146

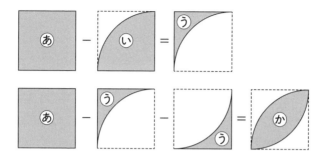

C　まだ，他の求め方があるよ！

C　⑥の正方形から⑥をひくと，⑤になるでしょ。次は⑥から⑤をひくと⑥になるよ。

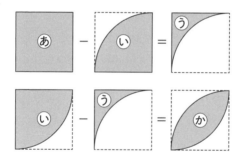

　ラグビーボール型の面積を求める方法が多様にあることが確認されると，本時の要となる図形は⑥の円の$\frac{1}{4}$のおうぎ形であることを子どもは理解します。

　一見複雑な図形も，既習の図形に合成，分解することで，たしたり，ひいたりしながら面積を求められることを子どもたちは学びます。

できない！

第5章
その比べ方, 分け方は,
「できない!」「無理!」「ありえない!」

無理！

ありえない！

その比べ方はありえない！ から，

整理して考えるよさを
見いだす

1年／かずしらべ

1 授業づくりの工夫

　本時は，「かずしらべ」の導入授業です。2年生以降の「表とグラフ」につながる素地的な学習となります。

　ここで引き出したい見方・考え方は次の3つです。

> ① 同じ○○を集める
>
> ② ○○の大きさをそろえる
>
> ③ 数が比べやすいように並べる

　上記の見方・考え方を引き出すためには，それと逆の状況を授業の中でつくり出すことが大切です。

　具体的には，それぞれ以下の通りです。

> ① 同じ○○をバラバラに置く
>
> ② ○○の大きさをバラバラにする
>
> ③ 数が比べにくいように並べる

2 その比べ方はありえない！

> 次の野菜の中から好きなものを選び，その絵をかきましょう。
>
> ピーマン　トマト　にんじん　きゅうり

子どもが絵をかく際，紙のサイズを2種類（B5，ハガキ）用意します。子どもは自分が好きなサイズの紙を選び，絵をかいた後は野菜の形に沿ってハサミで切ります。

こうすることで，同じ種類の野菜の絵をかいても，子どもが仕上げる野菜の絵の大きさに違いが生まれます。

T　自分がかいた野菜を黒板に貼りましょう。

C うわ〜，野菜がいっぱいある，おいしそう！
C トマトが一番多いかな…？
C ピーマンは少ない…？

　黒板にバラバラに貼られた野菜の絵を見て，子どもは様々なことをつぶやきます。そのつぶやきから本時の問いを引き出します。

T みんながどんな野菜が好きか，気になるんだね。どれが一番人気があるのかな？
C トマトじゃん。
C 人参だよ！
C ピーマンも多い感じがする…。
C もう，ごちゃごちゃしてよくわからない！

　「ごちゃごちゃしてわからない」という意見を引き出したことで，子どもたちの間に「整理したい」という思いが生まれます。

C わかりやすく整理しようよ！
C １，２，３…って数えてもいいと思う。
C 同じ野菜同士を集めたらいいと思う。
C 集めた野菜を並べると見やすくなるよ。
T では，先生が同じ野菜同士を集めて，並べてみますね。

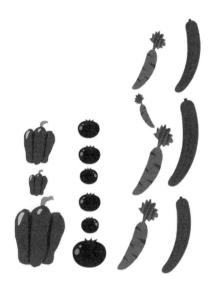

T　ご覧の通り，一番人気がある野菜はきゅうりでした！

C　えぇっ，きゅうりはありえないでしょ！

T　並べて比べたら，きゅうりが一番高いよ？

C　**その比べ方はありえないよ！**

C　野菜の大きさがバラバラだよ！

T　これじゃあダメなの？　どうしたらもっと比べやすくなるのかな？

C　大きさをそろえたら，比べやすくなるよ。

T　でも，せっかくみんながつくった野菜の絵を，同じ大きさにするために，ハサミで切ったりするのはちょっと…。

C　そうだ！　いつも使っているブロックに変身させたら

いいよ！

C　ナイスな考え！　確かにブロックだとわかりやすい。

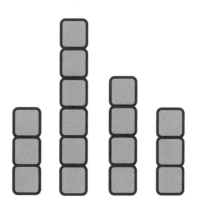

C　どれが一番多いかはわかりやすいけど，どの野菜かが
　　わかりづらくなったかも…。

C　だったら，その下に野菜の名前を書くといいかも！

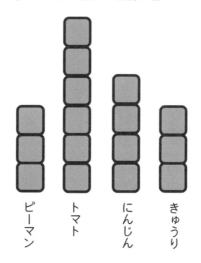

C　とっても見やすくなったし，わかりやすくなったね！
T　みんなが好きな野菜を整理してみて，どう思った？
C　一番人気があるのがトマトだと思わなかった！
C　一番人気はにんじんだと思ったけどなぁ…。

　「データの活用」領域では，整理したデータをどのように考察するかが大切です。「わかりやすく整理できたから終わり」ではなく，整理して見えてきたことを，１年生なりに考察させることが重要です。

　１年生の算数授業において，子どもが思考・判断・表現する道具として，算数ブロックは必須アイテムです。本時だけではなく，４月の学習から教科書の問題文や具体的な場面などを算数ブロックに置き換えて考える算数文化を教室でつくっていくことが大切です。

任意単位の必要性を
引き出す

1年／おおきさくらべ(1)

1 授業づくりの工夫

本時は，第1時で直接比較，第2時で間接比較を学習後の第3時で，「任意単位で比較」することを目的とした授業です。

本時では「机の横の長さが一番長い人を決めよう」という場面を設定します。

子どもは「昨日使ったテープで比べたらいいと思います（間接比較）」と発言します。

そこで教師はテープが使えない場面を意図的に設定します。そうすることで，子どもたちには自ら任意の単位をつくる必然性が生まれます。

最後に一人ひとりに「任意単位のいくつ分」と数で表現させることで，任意単位から共通単位をつくり出す展開とします。

2 テープがなかったら無理！

次のように，子どもに伝えます。

> 机の横の長さが一番長い人を決めよう。

C どの机も同じ大きさでしょ！　見た感じでわかるよ。

T 本当にそうかな？

C でも，もしかしたら微妙に違うのかも…。

T さて，学級の中でだれが一番長いだろう？　机を動か
　して直接比べればいいね。

C 無理無理！　重過ぎるし，人数も多過ぎるよ！

C 昨日使ったテープで比べるのがいいかも。

T ごめんね，おうちに持って帰って忘れてしまいました。

C えぇっ，<u>テープがなかったら無理でしょ！</u>

C 他のものを使って比べることができるかも…。

C 鉛筆とか消しゴム，算数ブロックとか使えないかな。

　子どもの問いが「テープを使わずに，机の横の長さを比
べることができないかな」と明確になったところで，自力
解決の時間を取ります。

　子どもは，筆箱の中や算数ボックスの中から，任意単位
となるものを探し「○○が▲個」と表現し始めます。

T　学級で一番を決める前に，まずはペア同士どちらの机
　　の横の長さが長いか，決めましょう。

　ペア同士で比較する中で「これでは比べられない」と困
っているペアを探し，そのペアの困っていることを全体で
共有します。

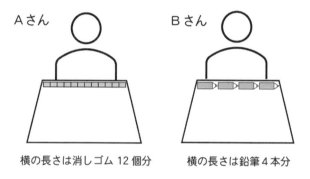

Aさん

横の長さは消しゴム 12 個分

Bさん

横の長さは鉛筆 4 本分

C　私は消しゴム12個で，Bさんは鉛筆4本分。12と4だ
　　から，私の方が長いと思うけど，Bさんが違うかもっ
　　て…。
C　気持ちわかるよ。僕たちのペアもそれで悩んでた。
T　長さは数で比べることができないのかな？
C　消しゴムと鉛筆の大きさが違っていたから，数で比べ
　　ることが難しかったと思う。
C　だから，消しゴムと鉛筆ではなく，2人とも同じも
　　のにしたら，数で比べられると思うよ。
C　私たちのペアは，2人とも鉛筆を使ったよ。

T　学級のみんなが持っていて，数で比べられそうなものってあるかな?

C　算数ブロックだ!　ブロックだったらみんな持ってるから，だれが一番かも決められるね!

　机の横の長さは，算数ブロック24個分ということを確認しました。「予想通り，全員同じ長さだったね」と子どもが安心した後，本時の見方・考え方を整理します。

> 「同じ大きさのもの」の「いくつ分」で表すと，比べることができる。

T　黒板の横の長さを調べたいと思っています。皆さんだったら，算数ブロックと教科書，どっちで調べますか?

C　さっきも使ったから，算数ブロックでしょ。

C　長いものは大きいもので調べた方が，数えるのが少なくなるから教科書がいいかも。みんな持ってるし。

C　どっちが簡単か，実際にやってみたい!

C　おもしろそう。よし，やろう!

　本時で働かせた見方・考え方が「かさ」や「広さ」の学習で生かされます。

その分け方は無理！から，

減々法と減加法の
違いに迫る

1年／ひき算(2)

1 授業づくりの工夫

　本時は，繰り下がりのあるひき算（減々法）を学習する授業です。これまでに子どもは12－9などの「10といくつに分けて計算する方法」（減加法）を学習しています。

　本時では次のチョコレート（14個）の絵を提示します。

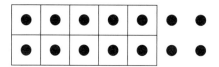

　「箱の中にあるチョコレートから食べたのか，それとも外から食べたのか」を問うことで，減加法の計算と減々法の計算を比較する場面を設定し，それぞれの計算の方法の違いと共通点を整理します。

　最後に適用題を数問扱い，「減加法と減々法のどちらで計算したいか」を子どもに判断させます。そうすることで，減加法と減々法のそれぞれの計算のよさを子どもは感じます。

2 外から食べるのは無理！

次の問題文と絵を提示します。

チョコレートが14こあります。

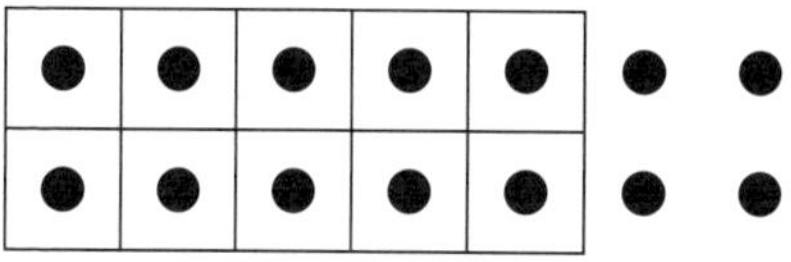

C　おいしそう！　食べたい。
T　おいしそうだね。

6こ食べました。残りは何こですか。

子どもは「ひき算だ」「式も計算も簡単」と言い，すぐ
に答えを「8こ」と求めます。多くの子どもは，既習の減
加法を使い，次のように求めています。

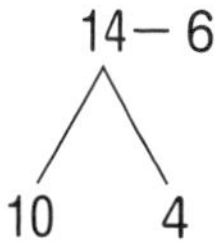

$$14 - 6$$
$$10 \quad\quad 4$$

4 − 6 はできないから
14を10と4に分けて…
10 − 6 = 4
4 + 4 = 8

そこで，子どもと次のようなやりとりを行います。

T　皆さんの計算の仕方は，箱の中と外，どちらから先に
　　チョコを食べたのかな？
C　10のまとまりからひいたから，箱の中でしょ！
T　箱の中からしか食べられないもんね。
C　そうそう。**外から食べるのは無理でしょ！**
C　外のチョコからもいけるかも！　だって，家では外か
　　ら食べるときもあるよ。

　箱の外にあるチョコレートから食べることができそうだ
と子どもが見通しをもったところで，次のように伝えます。

T　外のチョコからも食べることができそうだと考えてい
　　る人に尋ねます。もし，あなたが大きな動物だったら
　　「パクッ」と何回で食べますか？
C　箱の中だったら「パクッ」だけど，外からだったら
　　「パクッ」「パクッ」の２回だね。
C　外のチョコから食べるなら２回かぁ…。
C　わかった！

　ここでは，次ページのように，実際に両手を口に見立て
て，ジェスチャーで食べる動作を行うと，１年生は大喜び
します。

T 「パクッ」「パクッ」を式で表すことはできるかな?

C 14－4－2かな。

T はじめにひいた4と次にひいた2はどこからきたの?

C 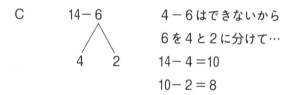　4－6はできないから
6を4と2に分けて…
14－4＝10
10－2＝8

T 今の説明をブロックでもやってみよう。

C ブロックで説明すると…。

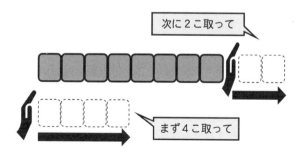

T 「パクッ」の1回と,「パクッ」「パクッ」の2回の計
  算の違いは何かな?
C 「パクッ」は,14を10と4に分けて,「パクッ」「パク
  ッ」は6を4と2に分けてる。
T 似ているところはどこかな?
C 10からひいているところかな…。

「パクッ」

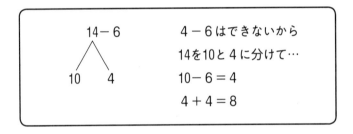

「パクッ」「パクッ」

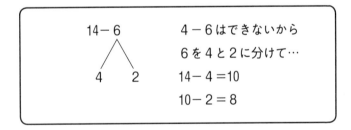

　「パクッ」と「パクッ」「パクッ」のどちらで計算するか
を尋ねながら,ひき算の練習問題を数問提示します。この

場面では，減加法と減々法のどちらがよいのかを決めることが目的ではありません。子どもが自ら数に働きかけ，自分の考えやすい方法を自覚することが大切です。また，どちらかを判断する際，全員起立し，ジェスチャーを交えながら行うと，１年生は大盛り上がりします。

T　１問目です。11－5です。さぁ，どっち？　せ〜の！

C　「パクッ」！

C　「パクッ」「パクッ」！

C　えっ？　「パクッ」「パクッ」でしょ！　だって，5を1と4に分けたら，11－1＝10，10－4＝6で簡単だよ！

C　そうかなぁ？　11を10と1に分けて10－5＝5，　5＋1＝6。ほら，こっちはもっと簡単！

T　どちらの方法もすばらしい！　では，2問目です。17－9。さぁ，どっち？　せ〜の！

C　「パクッ」！

C　「パクッ」「パクッ」！

C　え〜，「パクッ」「パクッ」でしょ！　だってさぁ…。

その分け方はできない！ から，

対角線に着目して
四角形の図形の性質を
見いだす

1 授業づくりの工夫

　本時は対角線の定義を学習し，2本の対角線の関係に着目して，ひし形や平行四辺形の図形の性質を見いだした後の授業です。

> 　紙を2回折り，----------
> のところで切り取って広げ，
> 平行四辺形をつくろう。

　しばらく活動していると「ひし形しかできない」「正方形しかできない」「平行四辺形は絶対に無理だよ」といったつぶやきが聞こえてきます。そこで「なぜひし形と正方形しかつくれないのか」「なぜ平行四辺形はつくれないのか」と問いを焦点化し，対角線の性質に着目して論理的に説明する姿を引き出します。

2 直角三角形はつくれない！

T 紙を2回折って長方形をつくります。
そして，-------- のところで切り取って広げると，ど
んな形になると思いますか？

C 直角三角形　　　C 長方形　　　C ひし形
C 平行四辺形　　　C 台形　　　　C 正方形

　ここでは，子どもに自由に発言させます。この段階では
直観的に判断しており，図形の性質に着目しながら考察し
している子は少ないでしょう。そこで，子どもが発言した
図形を黒板に整理し，意図的に三角形と四角形に分けます。

T 皆さんの予想は，この6つの図形ですね。どれもつく
れそうだね。

C **直角三角形はつくれないよ！**

C 確かに！　だって，2つに折ったということは，長方
形が4つ重なっているでしょ。

C 切って広げる前だったら，直角三角形だけど…。

C だから，直角三角形が4つあるという意見だったら納
得できる！

C それに，重なっている長方形が4つということは，直
線が4つあるということだから，必ず四角形になると
思う…。

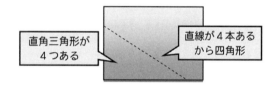

直角三角形が
4つある

直線が4本ある
から四角形

T では，実際に切って広げてみます！

C ひし形だ！　やった，予想が当たった！

T では，皆さんもつくってみましょう！　先生はひし形
をつくったから，皆さんはひし形以外の四角形をつく
りましょう。

　しばらくひし形以外の四角形をつくる活動を行います。
子どもは試行錯誤しながらなんとかひし形以外の図形をつ
くろうと必死になります。しかし，いっこうにひし形と正

方形以外の図形がつくれない状況に疑念をもちます。その
疑念を問いとして，四角形の対角線の性質に着目させます。

C　切る位置を変えても，ひし形と正方形しかつくれない
　　よ！
T　どうして？　ひし形と正方形がつくれたから，長方形
　　や平行四辺形もつくれるよ。あきらめないで！
C　だから無理なの！　だって，最初に直角三角形をつく
　　るから，広げたときに必ず対角線が垂直に交わるから，
　　ひし形にしかならないの！

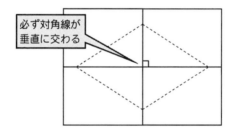

C　正方形も同じ理由だよ。正方形の場合は，直角三角形
　　の２つの辺の長さが同じになるように切るといい！
C　つまり，対角線が垂直線に交わるから，ひし形と正方
　　形しかつくれないということだね。
T　では，どうして平行四辺形はつくれないの？
C　平行四辺形は正方形とひし形と逆の理由。対角線が垂
　　直に交わらないからつくれない！

その比べ方は無理！ から，

多様な視点で
データを考察する

6年／データの整理と活用

1 授業づくりの工夫

　本時は，3つの集団のデータを用いて統計的な内容（平均値，最頻値，中央値）を理解するとともに，問題解決を図っていく授業です。まず次の問題を提示します。

> A市で8の字跳びの大会があります。1組から3組のどのクラスを学校代表として選びますか。

　これまでの練習期間で各クラスが跳んだ回数の記録をカードにして提示します。表ではなくカードで提示することで，数直線上に並べることができます。そうすることで，最頻値や中央値で比べるという比較のアイデアを引き出すことができます。また，学級を3つに分けて，Aグループは1組を，Bグループは2組を，Cグループは3組をそれぞれ推薦することと指定します。そうすることで，各学級を推薦するための「根拠」（代表値など）を各グループで見いだそうとします。

2 一番うまい組を決めるのは無理！

> A市で8の字跳びの大会があります。
> 1組から3組の練習期間中の記録は次の通りです。

このように伝え，それぞれの学級の跳んだ回数をカード
で提示します。

1組		2組		3組	
61	60	54	55	56	60
61	57	53	56	60	59
55	56	63	64	55	58
63	63	70	67	56	57
66	62	67	70	64	40
68	63	56	56	67	70
70	65	71	66	73	70
60				61	70

C　すごい！　3組は73回跳んだ日があるよ。

C　でも，40回の日もあるよ。3組は調子の波が激しいの
　　かも…。

C　1組は調子がいいときと悪いときの差があまりないね。

　既習の知識や経験を基に，子どもたちは様々につぶやきます。自分なりの根拠を基に各クラスの記録を考察し「このクラスは８の字跳びがうまい！」とそれぞれの子どもが感じ始めたころに，次のように伝えます。

T　３クラスのうち，学校代表としてどの学級を校長先生に推薦しますか。
　　Aグループは，必ず１組を推薦してください。
　　Bグループは，必ず２組を推薦してください。
　　Cグループは，必ず３組を推薦してください。
C　えっ，僕は３組がよかったのに，１組は８の字跳びがうまいクラスとは言えないでしょ。
C　そうかな？　私は１組が一番うまいと思うけど…。
C　というか，<u>一番うまい組を決めるのは無理だよ…！</u>
T　これから３つのチームに分かれて，作戦会議をしてください。

　推薦する学級を指定することで，自分の主張の根拠を明確にするだけではなく，他者の主張に対して批判的に考察することができます。
　また，自分の意思とは関係なく自分の立場が決まることで，主張するための根拠を考えざるをえない状況になります。

T　では，Aチームさん，発表をお願いします。

C　Aチームは，1組を学校代表として推薦します。
理由は，8の字跳びの平均が62回と一番高いので，本
番の大会でも安定して実力を発揮できると思うからで
す！

C　2組も平均は62回だよ！　だから，1組だけが安定し
ているとは言えないよ。

C　それぞれの組の平均の回数を計算すると，こんなふう
になりました。

	1組	2組	3組
平均	62回	62回	61回

T　ということは，推薦するクラスは1組か2組に絞ら
れましたね。

C　待って！　1組と2組だけが安定しているとは言えな
いよ。1組，2組より平均回数は1回少ないけど3組
は70回を3回跳んでいて，3クラスの中で一番回数が
多いよ。

C　記録カードを数直線に並べると，3組は70回が3日あ
ります。1組は63回が3日，2組は56回が3日だから，
やっぱり3組が勝つと思う！

C　確かに，そういう意味では，3組は大会でも70回跳び
そうだね。

C　でも，3組は40回しか跳ばなかった日があるよ。

C　でもでも…，73回跳んだ日もあるよ。1組の最高は70

回で，2組は71回だよ。

	1組	2組	3組
最高記録	70回	71回	73回
最低記録	55回	53回	40回

T　皆さん，様々な視点から3クラスの8の字跳びの記録
　　を考察し，推薦することができましたね。
　　では改めて尋ねますね。どの学級を推薦しますか？

　平均値や最頻値，最大値，最小値などの視点で資料を考
察した後，改めて上記のように問います。その際，学級の
指定はせず，自分が本当に推薦したい学級を選んでもらい
ます。そうすることで，子どもはこれまでの学びを振り返
り，自らの考えを再構築します。再構築することで「やっ
ぱり1組を推薦したい」と自分の考えの根拠がさらに明確
になる子もいれば，「他のチームの意見を聞いて，総合的
には3組だと思った」と多様な視点を得たことで自分の考
えが変わる子もいます。本授業の醍醐味は，まさにこのよ
うな子どもの変容にあります。

できない！

第6章
その条件は，
「できない！」「無理！」「ありえない！」

無理！

ありえない！

多様な数の構成の仕方に
着目する

2年／100をこえる数

1 授業づくりの工夫

本時は，「100をこえる数」の単元末に行う授業です。教科書では，次のような問題が出されます。

> 365は□を3こ，□を6こ，□を5こ合わせた数

この問題に対して「365は100を3こ，10を6こ，1を5こ合わせた数」と多くの子どもは答えます。

そこで，さらに多様かつ豊かに数を捉えることができる子どもに育てるために，教師は次のように問題提示を行い，問いを誘発します。

> 753は100を0こ，10を□こ，1を□こ合わせた数

この問題提示により「100が0こはありえない」と子どもは考え出します。ここから本時はおもしろくなっていきます。

2 100が0こはありえない！

数を□で隠した問題を提示します。

365は□を3こ，□を6こ，□を5こ合わせた数

T　□に入る数は何かな？

C　100が3こで300，10が6こで60，1が5こで5，合わ
　　せると365になるから，□は100と10と1が入ります。

T　式でも表すことができるかな？

C　300＋60＋5＝365

　1問目と同じように，数を□で隠した問題を提示します。
2問目は，1問目と似て非なる問題です。

753は100を□こ，10を□こ，1を□こ合わせた数

　ここで自力解決に入ります。多くの子どもは□に入る数
を次のように書きます。

753は100を7こ，10を5こ，1を3こ合わせた数

そこで教師は，子どもが予想しなかった数を□に入れて，改めて提示します。

T　では，□で隠れた数を見せますね。
C　100が7こで…。

> 753は100を0こ，10を□こ，1を□こ合わせた数

C　えっ，<u>100が0こはありえない！</u>　□に入れる数が間違っています。
C　もし，そうだったら，10が5こで50，1が3こで3，合わせて53にしかならないよ！
C　だから100が0はありえない！　次の10を見たい！

> 753は100を0こ，10を75こ，1を□こ合わせた数

C　あぁ，わかった！　そういうことか！
C　10が10こで100になるから，10が70こで700，10が5こで50，合わせて750になるね。
C　10が75こで750と考えてもいいね。
C　だったら，1は絶対に3こだ。750＋3＝753！

最後に，3問目の問題を提示します。

> 999は100を□こ，10を□こ，1を□こ合わせた数

　1問目，2問目を通して，多様に数を構成する見方をしてきた子どもは，3問目でも多様に数を構成します。

C　100を9こ，10を9こ，1を9こ合わせた数。

C　100を0こ，10を99こ，1を9こ合わせた数。

C　100を9こ，10を0こ，1を99こ合わせた数。

C　100を0こ，10を90こ，1を99こ合わせた数。

C　100を5こ，10を49こ，1を9こ合わせた数。

T　では，最後の「合わせた数」を「ひいた数」に変えてみるとどうなるかな？

> 999は100を□こ，10を□こ　から　1ひいた数

C　合わせてではなく，ひいて999になる数かぁ。

C　100を10こだと1000だから1000－1＝999。10を使うのは無理か…。

C　でも，1000になるように考えればいいから，100を5こ，10を50こでも1000になる！

その条件はありえない！ から，

円の性質を見いだす

3年／円と球

1 授業づくりの工夫

　本時は「円と球」の導入授業です。「今日は，玉入れゲームをします」と伝え，以下の場（体育館や広い場所などで行う）を設定し，カゴめがけて学級全員で同時に球を投げるように指示します。

　すると「この並び方はありえない」と多くの子どもから不満の声が上がり，「みんな平等の距離にしてほしい」という要望があります。「では，どうしたら全員が同じ距離になるのか」が本時の最大の問いになります。

2 この並び方はありえない！

T　今日は玉入れゲームをします！　1人に1こずつ球を
　　渡すので，みんなで一斉にカゴめがけて投げます。

C　やったぁ，楽しそう！

T　横一列に並んでください。この線からはみ出してはダ
　　メですよ！
　　では，さっそく始めます。せ〜の…。

C　ちょっと待って！　これ絶対におかしいでしょ。

C　**この並び方ありえないよ！**　不公平だよ！

T　不公平ではないよ！　だって，体育のかけっこのとき
　　だって，全員横一列になって，よ〜いドン！　でやっ
　　たでしょ。これも同じだよ。

C　かけっこと，この玉入れゲームは同じではないよ！

C　カゴまでの距離が全然違うよ。端っこが遠いよ！

　　子どもの反論を受け，カゴから球を投げる場所の距離を
確認します。その際，教師がカゴの場所に行き，そこから

子どもたち一人ひとりの場所へテープを張ります。

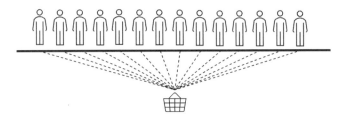

C　ほら，やっぱりテープの長さは違うよ！　真ん中の人
　　と比べたら，端っこの人の方が長いから，カゴまで遠
　　いってことだよ！

C　全員同じ距離にするためには，みんな同じ場所から順
　　序よく投げればいいと思う！

C　でも，それでは時間がかかっちゃうよ！　30人もいる
　　から！

T　全員が「せ〜の」で一斉に投げることができて，全員
　　が同じ距離から投げる方法はないのかな？
　　（各自で考える時間を取る）

C　わかった！　全員同じ長さにするには，一番短い真ん
　　中の人のテープの長さに切ればいい。そしたら，全員
　　同じ長さになる！

C　さっきみたいに，テープの端っこの１つは先生に持っ
　　てもらえばいい！

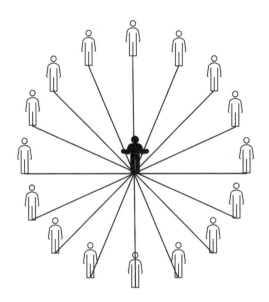

C うわぁ，みんなで先生を囲んでいるみたいになっているよ。おもしろい！

C 丸い形になっている気がする。丸っぽい形になると，みんな同じ距離になるんだね。これでみんな平等！

　子どもたちは玉入れに夢中になっているため，円の性質や形にはまだ意識は向いていません。ですから，この様子を動画で記録し，次時に全員で視聴します。そうすることで子どもは円の存在に気づいていきます。

その条件はありえない！ から，

量感をともなった
理解を得る

4年／面積

1 授業づくりの工夫

> 1□の面積で，ドッジボールをしよう。

　□に入る面積の単位を考えることを通して，既習の面積の単位（cm^2，m^2，km^2）を引き出します。

　しかし，単位を入れようとすると，子どもは違和感を訴えます。なぜなら，子どもが休み時間や体育の学習で楽しんでいるドッジボールのコートの広さの感覚と既習の面積の広さが明らかに違うからです。

　そこで，子どもは既習の経験と知識を活用して妥当なコートの広さを考えます。

　そして，子どもが既習の経験や知識からイメージした広さ（例えば，$100m^2$）を引き出し，本時で教えるべき知識（1a，1ha）を教えることが大切です。

　そうすることで，子どもは生きて働く知識を得ることができます。

2 cm² と km² はありえない！

1□の面積で，ドッジボールをしよう。

T　□に入る面積の単位は何でしょうか？

　上の問題を提示し，しばらく自力解決の時間を取ります。子どもたちの様子を見て回ると，おおよそ以下の３つの考え方がありました。

A　cm²
B　m²
C　km²

T　みんなのノートを見て回ったら，次の３つの単位がありました。

　　A　cm²
　　B　m²
　　C　km²

　　どの単位が正解かな？
C　<u>cm²とkm²はありえないでしょ！</u>

C 1 cm^{2}だったら狭過ぎて無理だし，1 km^{2}だったら広
　過ぎるよ！

　子どもは，既習の知識や経験から，1 cm^{2}や 1 km^{2}の広
さでドッジボールを行うことはできないと説明します。
　そこで，次のように断定し，子どもを揺さぶります。

T cm^{2}でも km^{2}でもないのであれば，□に入る単位は
　m^{2}ですね。
C 1 m^{2}もありえないよ！　だって 1 m^{2}って 1 辺が 1 m
　の正方形だよ？　1 cm^{2}よりは広いけど，それでも狭
　過ぎるよ。

　3 つの単位（cm^2・m^2・km^2）のどれもが「ありえな
い」ということを確認した後，次のように問い返します。

T では，どのぐらいの面積だったら，ドッジボールがで
　きる広さだと思う？
C 1 辺が10m ぐらいだったら，いい感じの広さかも。

　子どものドッジボールをした経験から引き出された「1
辺が10m の正方形の広さ」から新しい面積の単位である
「1 a（アール）」を指導します。そして，事前に準備して
いた 1 a の広さでドッジボールをします。

しばらくすると，子どもは「１aは少し狭いから，２a
がいい」と要求してきます。まさに，子どもが１aの広さ
を体感したからこそ生まれた発言です。

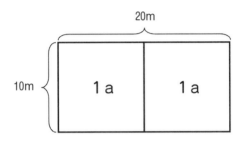

　教室に戻り，次のように板書しました。

1辺の長さ	1 m	10m		1000m
面積	1 m^2	100m^2 （ 1 a）		1000000m^2 （ 1 km^2）

C　10mの隣の空いているところは，１辺の長さが100m
　　で，面積は10000m^{2}だ！

T　どうしてそう思ったの？

C　１辺の長さは10倍になっていて，面積は100倍になっ
　　ているよ。

　ここで，１辺の長さが100mの面積は10000m^{2}であり
「１ha（ヘクタール）」と表すことができることを指導し
ます。

その条件は無理！ から，

既習の図形の性質に
着目する

1 授業づくりの工夫

本時は，三角形の内角の和は180°，四角形の内角の和が360°になることを学習した後，その知識を活用して三角形や四角形の角度を求める授業です。

導入では，一般三角形と二等辺三角形，平行四辺形の３つの図形を一斉に提示し，それぞれアの角度を求めます。

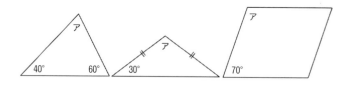

すると「三角形のアの角度は求めることができるけど，二等辺三角形と平行四辺形は無理だよ」という子と「３つの図形ともアの角度を求めることができる」という子の２つの意見に分かれます。

この意見の違いが生まれた原因を追究することで，図形の性質を活用し，論理的に考える力を高めます。

2 二等辺三角形と平行四辺形は無理！

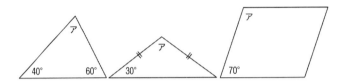

「アの角度を求めよう」と伝え，3つの図形を提示します。すると，分度器を使って直接角度を測ろうとする子がいます。

ここで教師は，「分度器を使わずに計算で求めよう」と否定するのではなく，「よし，分度器で測りましょう」と分度器を使おうとした子の考えに賛同します。

すると，「そんなことしなくても，計算で求めることができるよ」と反論してくる子が出てきます。

このようなやりとりを経て，子どものめあてが明確になるとともに，図形の性質に着目していくことが意識づけられます。

> 分度器を使わずに，計算で角度を求めよう。

しばらく，自力解決を行うと子どもから様々なつぶやきが出てきます。

C 三角形のアの角度は求められるけど，**二等辺三角形と平行四辺形は無理**でしょ！

C 無理じゃないよ。３つの図形ともアの角度を求めることができるよ！

T 「三角形のアの角度は求めることができるけど，二等辺三角形と平行四辺形のアの角度を求めることは無理」という意見と，「３つともアの角度を求めることができる」という意見の２つに分かれています。どうして，意見に違いが出たと思いますか？

C 三角形は２つの角度がわかっていたでしょ。だから，三角形の角の大きさの和（180°）から２つの角度をひくと180−（40＋60）＝80となって，アの角度は80°とわかるけど，二等辺三角形も平行四辺形も１つの角度しかわからないから無理，ということだと思う。

T 確かに，二等辺三角形も平行四辺形も１つの角度しかわからないから，アの角度を求めることは無理だね。

C もう１つの角度がわからなくても，求められるよ！

C 二等辺三角形は２つの角度が同じ（30°）でしょ。

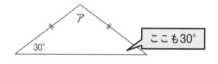

だから180−（30×2）＝120で求めることができる！

190

このように，図形の性質に着目することで，必要な角度の情報を得ることができることを確認します。

　そして「二等辺三角形は図形の性質に着目すると，1つの情報だけで求めたい角度が求められるね」と意図的に「は」を強調して伝えます。

　すると，子どもは次のように問いを発展させます。

C　正三角形はまったく情報がなくても角度がわかるよ。

T　まったく情報なしでは，いくらなんでも無理でしょ？

C　だって，正三角形はすべての角度が等しいから，180÷3＝60で1つの角度は必ず60°になるよ。

C　正方形と長方形もそうだね。360÷4＝90ですべての角度が90°になることがわかる。

　いよいよ，本時の最大の山場である平行四辺形のアの角度を求めます。

　三角形の問題を通して，図形の性質を活用するよさを感じているため，子どもは平行四辺形の場合もそのような見方・考え方で角度を求めようとします。

C　平行四辺形も，同じように考えるといいね。

T　「も」ってどういうこと？

C　三角形の場合，角の大きさの和が180だったり，二等辺三角形や正三角形の性質を使ったりして角度を求めたので，平行四辺形も同じように考えるといいかな。

T　すばらしい考え方ですね。では，角度を求めてみましょう。

　しばらく自力解決の時間を取ります。それぞれが式を書いて角度を求めたら，友だちの式を解釈する活動から図形の見方を深めていく展開とします。

T　Aさんは，（360−70×2）÷2＝110 で求めました。
C　四角形の角の和は360°で，平行四辺形は向かい合う角の大きさが等しいから70×2＝140。だから，360°から140°をひくと，220°でしょ。この220°はアの角度とそれに向い合う角度を合わせた角度だから，÷2をするとアの角度を求めることができる。
C　私は他の式で求めました。180−70＝110です。
C　えっ，四角形なのに，どうして180°が出てくるの？ありえないでしょ。
C　同じ平行四辺形を横にもう1つつけ加えると，アが70°と隣になるでしょ。アと70°を合わせた角度は一直線になっているから180°でしょ。だから，180−70をするとアの角度が出るので，アは110°とわかる。

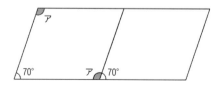

C　僕も180－70＝110の式だけど，求め方が違います。平行四辺形は，対角線を引くと，合同な三角形が２つでしょ。対応する角度は等しいから，○と○は同じ角度で△と△は同じ角度になります。

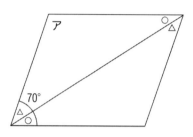

C　わかった。○＋△＝70 だから，平行四辺形を対角線で半分にした三角形の角度の和180°から○と△の角度をひけば，アの角度がわかるってことだ！

その条件はできない！ から，

速さに必要な2量に着目する

5年／速さ

1 授業づくりの工夫

　本時は「速さ」の導入の授業です。教科書では，動物や自動車などを使って「どちらが速いですか」と問うています。そして2次元表に「道のり」と「時間」が示され，単位量あたりの大きさの考えを基に，速さについて学習する流れになっています。

　本時では「小学5年生のAさんが5秒で走りました」と「道のり」の情報を示さずに，条件が不足している問題を子どもに提示します。すると，「速い」「遅い」「どちらともいえない」と，大きく3つに意見が分かれます。また，3つの意見に関連して，「5秒で走ったのかな？　5秒で歩いたかもしれない」と，子どもは「走りました」にも着目します。

　このように，「5秒」という時間の情報だけを提示することで，子どもは速さについて，既習の知識や経験を基に多様な捉え方を行い，実感的に理解していきます。

2 「5秒」だけではわからない！

T　運動場で体育をしました。小学5年生のAさんが…。

　ここまで子どもに伝え，ストップウオッチを片手に教師は大きな声で5秒を計ります。

T　よ〜い，スタート！　1，2，3，4，5秒！
　　小学5年生のAさんはなんと5秒で走りました。
　　Aさんは速いですか？

　この教師の演出に，子どもは様々につぶやきます。そのつぶやきを教師は板書します。

C　ちょっと速過ぎでしょ！
C　速いのかなぁ…。
C　「5秒」だけではわからないよ。どれだけの距離走ったかによって変わると思う。
C　もし，100mを走っていたら速いけど，10mだったら遅いでしょ。歩いているかも。
C　普通の速さかもしれないよ。
T　「速いでしょ」「遅いでしょ」「わからない」と意見が分かれていますね。同じ「5秒」なのに，どうして「速い」「遅い」「わからない」と意見の違いがあるの

かな？　その理由をノートに書きましょう。

「なぜ，意見の違いが生まれたのか」その理由をノートに整理する時間を取ります。すると，既習の知識や経験を基に，子どもは自分がイメージしやすい「道のり」を設定し説明します。

C　例えば，50mで5秒だったら，めっちゃ速いでしょ！
　　でも，10mを5秒だったら遅い。25mを5秒だったら，普通だと思う。

5秒	50m	速い
5秒	10m	遅い
5秒	25m	普通

T　なぜ速さの捉え方に違いが出たのかな？
C　それは，道のりによって速さが変わるからだよ。だから，速さは道のりと時間の2つがわからないと決められないね。
T　この「2つの量の関係によって決まる量」って，何かと似ていない？
C　混み具合とかと同じ「単位量あたりの大きさ」だね。
T　さすがに50mを5秒は小学5年生には速過ぎかな？
C　速過ぎだよ！　ウサイン・ボルトと同じくらいだよ。
　　だってボルトは100mを約10秒で走るから…。
T　どうして，50mの話をしているのに，ボルトの100m

の話が出てきたの？

C　ボルトは100mを約10秒で走るから，5秒だったらその半分で，走る距離も半分になるでしょ。だから，同じぐらいの速さだと思って。

T　今の話を数直線で説明できるかな？

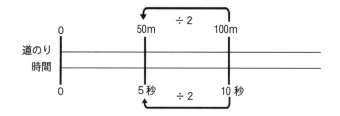

T　では，10mを5秒は本当に遅いの？　遅いということは「走る」ではなくて，「歩く」レベル？

C　「歩く」レベルだと思う。

T　その理由をノートに書きましょう。

　子どもは既習の経験から感覚的に速さを捉えています。感覚的なものから論理的なものに洗練していくために，ノートに自分の考えを整理する時間を取り，論理的に考える場をつくります。

T　なぜ，5秒で10mは歩く速さなの？

C　5秒で10mということは，50mだったら25秒だよ。明らかに遅いでしょ。

T　どういうこと？

C 10mを5倍したら50mになるでしょ。道のりと時間は
比例の関係なので，同じように時間も5倍になって25
秒になる。つまり，10mを5秒で歩く速さと50mを25
秒で歩く速さは同じということ。

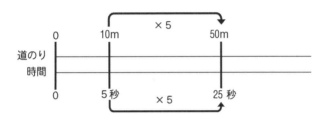

T どうして，30mではなく50mで例えたの？

C 50mは体育の50m走とかでよく走っている距離だから，
みんなが考えやすいと思って…。

C 僕は50mではなく1秒で考えたよ。10mを5秒とい
うことは，1秒で2m進むということでしょ。1秒で
2mは遅いよ。

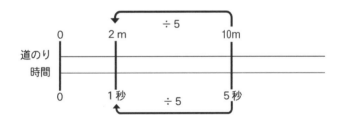

T では，10mの道のりは5秒で歩く速さなのか。実際に
やってみよう！　廊下に10mの道のりを準備していま
す。

198

C　やったぁ，楽しそう！

　10m を 5 秒で歩く速さを体験することで，普段自分が歩いている速さが秒速 2 mほどの速さだということに子どもは驚きます。

C　ところで先生，小学 5 年生のＡさんは，結局何mを 5 秒で走ったの？

T　25mです。さて，Ａさんは走ったのかな？　それとも歩いたのかな？　先ほどの10mの道のりで実験してみよう。

C　無理だよ！　廊下が25mもないから実験できない。

C　できるよ！　25mを 5 秒だから，25÷5＝5で， 1 秒あたり 5 mの速さでしょ。ということは， 2 秒で10m走ればいい！

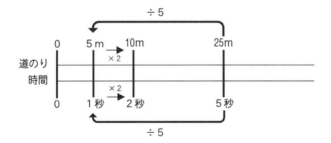

C　これは結構速いよ。よし，やってみよう！

その条件はできない！ から，

かける数と積の大きさの関係を見いだす

6年／分数×整数，分数÷整数

1 授業づくりの工夫

かけ算では，かける数と積の大きさの関係を次のように整理します。

> かける数＞1のとき，積＞かけられる数
> かける数＝1のとき，積＝かけられる数
> かける数＜1のとき，積＜かけられる数

この関係が分数のときにも成り立つことを確かめることが，本時のねらいです。

ここで，学級を2つのチームに分け，「かけられる数が積よりも大きい数の場合は1ポイントゲットできる」というルールでゲームをします。

ゲームをする中で，かける数と積の大きさの関係が分数のときにも適用できることを子どもたちが見いだしていくことが大切です。

2 これでは勝てない！

T　学級を2チームに分け，積が80より大きかったら1ポイントゲットできるゲームをします。

C　イェ〜イ，楽しそう！　絶対にポイントを取るぞ！

T　チームから1つずつ□に入る数カードを封筒の中から選んでもらいます。

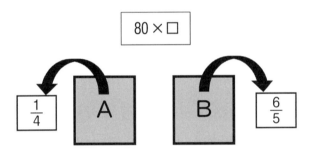

C　$80 \times \frac{1}{4} = 20$。かけられる数よりも小さかったぁ…。

C　よし！　$80 \times \frac{6}{5} = 96$だから，かけられる数よりも積は大きい。1ポイントゲット！

C　2回戦はポイントゲットするぞ〜。

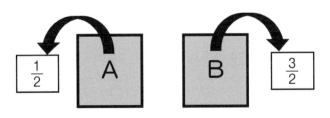

C　$80 \times \dfrac{1}{2} = 40$。また小さかったぁ…。

C　よし！　$80 \times \dfrac{3}{2} = 120$。また1ポイントゲット！

T　Aチームさん，次こそは1ポイントゲットできるように　がんばろう！

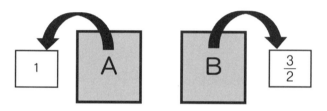

C　$80 \times 1 = 80$。今度は同じだ…。

C　$80 \times \dfrac{9}{8} = 90$ だから，これで3ポイント。楽勝！

C　先生，封筒の中を見せてください！

T　どうして？

C　だって，絶対におかしいと思う！　ずっとAチームは80よりも積が小さいか同じで，逆にBチームはずっと積が大きいんだもん。怪しいよ！

T　気のせいだと思うけどなぁ…。そこまで言うなら，それぞれの封筒から残りのカードを取ってみますね。

　　3回戦あたりになると，子どもは教師のしかけに気づき始めます。Aチームの封筒の中には「1と1より小さい分数」を入れ，Bチームの封筒の中には「1より大きい分数」を入れておいたのです。

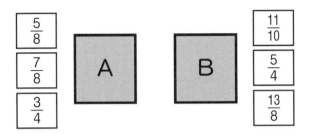

C　ほらぁ〜。Aチームは**これでは勝てないよ！**

C　無理無理！　こんなカードだったら勝てない！

T　まだ計算していないのに，どうしてこのカードでは勝てないとわかるの？

C　Aチームの分数カードは全部1より小さいでしょ。だから絶対にかけられる数の80より積が大きくなることはないよ。逆にBチームはかける数が1より大きい分数だから，積は絶対に80より大きくなる！

C　小数のときも，同じようなきまりがあったでしょ。

T　なるほど。小数のときのきまりが，分数のかけ算のときにも使えるということだね。

　この後「封筒を1つにしてすべてのカードを入れること」「かけられる数より積が小さかったら1ポイント」など，ゲームを楽しく公平に行えるように，子どもは様々な提案をします。その中で，子どもの数学的な見方・考え方はさらに広がり，深まります。

おわりに

　5年，正多角形の作図の授業。

　正五角形や正六角形，正八角形を多様な方法で作図した後，次のR子の発言が授業を大きく動かします。

　「正六角形は，コンパスと定規だけでかくことができるから，一番簡単だったね」

　その発言に対して，

　「ありえないでしょ！　コンパスと定規だけ!?　角度がわからないと，無理だよ」

　学級の半分以上が否定する中，R子の提案通りにかいてみると…

　「できた！　マジ!?　オレ，こんな簡単な方法でかけるってわからなかった。分度器を使う必要なかったよ～」

　「正五角形も正八角形もコンパスでかけばよかった…」

　コンパスと定規だけで正六角形が作図できたことに対する喜びと，他の正多角形もコンパスと定規を使えばよかったという後悔…。子どもからは様々な発言が飛び交います。

　すると，K男がつぶやきます。

　「正六角形以外は無理だけどね…」

この言葉が，本時のクライマックスをつくるきっかけとなります。

　なぜ，正六角形はコンパスと定規だけで作図することができるのか。

　子どもが発する何気ない「否定語」に着目し，その言葉をつないでいくことで，子どもは本時で問うべき「核となる問い」を見いだします。その問いは，子どもを夢中にし，笑顔にします。

　子どもの笑顔とともに，教師も笑顔あふれる算数授業を。

　私の教師としての強い願いです。

　本書を執筆するにあたり，明治図書出版の矢口郁雄氏には，多大なるご尽力をいただきました。この場をお借りし心より感謝申し上げます。

2024年４月

新城喬之

【著者紹介】

新城 喬之（しんじょう たかゆき）

琉球大学教職大学院修了。琉球大学教育学部附属小学校教諭を経て，現在那覇市立大道小学校勤務。

日本数学教育学会実践研究推進部幹事，全国算数授業研究会幹事，琉球SUN数授業研究会代表，たのしみ math 代表。

■著書

・『協働的に学びに向かう！ 小学校1年生 算数授業ガイド』（東洋館出版社，2022年，単著）

・『1年間まるっとおまかせ！ 小3担任のための学級経営大事典』（明治図書出版，2024年，分担執筆）

・『1年間まるっとおまかせ！ 小4担任のための学級経営大事典』（明治図書出版，2024年，分担執筆）

・『算数授業を左右する 教師の判断力』（東洋館出版社，2023年，分担執筆）

・『子どもの数学的な見方・考え方が働く算数授業 1年』（東洋館出版社，2020年，分担執筆）

・『板書で見る全単元・全時間の授業のすべて 算数 小学校5年下』（東洋館出版社，2020年，分担執筆）

他にも，雑誌等で執筆多数。

子どもの「否定語」から始まる算数授業

2024年5月初版第1刷刊 ©著 者 新　城　喬　之

発行者 藤　原　光　政

発行所 明治図書出版株式会社

http://www.meijitosho.co.jp

（企画）矢口郁雄（校正）大内奈々子

〒114-0023　東京都北区滝野川7-46-1

振替00160-5-151318　電話03(5907)6701

ご注文窓口　電話03(5907)6668

＊検印省略　　　組版所 藤　原　印　刷　株　式　会　社

Printed in Japan　　　　ISBN978-4-18-214922-1

もれなくクーポンがもらえる！読者アンケートはこちらから →